Alfabetização afetiva

Coordenadora editorial: Tânia Lins
Coordenador de comunicação: Marcio Lipari
Capa, projeto gráfico e diagramação: Equipe Vida & Consciência
Preparação: Janaina Calaça
Revisão: Equipe Vida & Consciência

1ª edição — 5 impressões
2ª edição — 1ª impressão
2.000 exemplares — junho 2023
Tiragem total: 25.000 exemplares

CIP-BRASIL — CATALOGAÇÃO NA PUBLICAÇÃO
(SINDICATO NACIONAL DOS EDITORES DE LIVROS, RJ)

L967a
2. ed.

Lucca, Lousanne de
Alfabetização afetiva / Lousanne de Lucca. - 2. ed., reimpr. - São Paulo : Vida & Consciência, 2023.
256 p. ; 21 cm.

ISBN 978-65-88599-55-6

1. Autoconsciência. 2. Autorrealização (Psicologia). 3. Técnicas de autoajuda. I. Título.

CDD: 158.1
22-78872 CDU: 159.923.2

Este livro adota as regras do novo acordo ortográfico (2009).

Vida & Consciência Editora e Distribuidora Ltda.
Rua das Oiticicas, 75 — São Paulo — SP — Brasil
CEP 04346-090
editora@vidaeconsciencia.com.br
www.vidaeconsciencia.com.br

Lousanne Arnoldi de Lucca

Alfabetização afetiva

Aprenda a lidar com suas emoções

Apresentação

O homem nasceu para ir além de si mesmo. Em suas infinitas possibilidades de ser estão plantadas as sementes da mudança constante, do crescimento, da ampliação da consciência, da lucidez dos sentimentos e do poder de ser o que realmente é.

Para tal processo, recebeu a eternidade como morada, e é nesse espaço-tempo que as oportunidades fluem a cada instante a seu dispor.

Se ele souber identificar essas possibilidades e fluir com a vida, trabalhando com seu melhor, seu processo será fácil e tranquilo. Se não souber, elas continuarão fluindo, mas de uma maneira mais concreta, e por vezes até dolorida, para que ele possa percebê-las.

A mão do Universo, que sustenta nossa vida, jamais nos nega seu apoio, contudo, para recebermos esse apoio, é necessário que nos autoapoiemos, pois o Universo trabalha por nós, mas sempre por meio de nós.

Nessa aprendizagem, desejamos compreender suas leis o tempo todo para que tenhamos uma vida mais saudável, satisfatória e feliz.

Queremos compreender o mundo, mas também modificá-lo segundo nossos valores e torná-lo um paraíso terrestre. No entanto, essa visão voltada apenas para o exterior, para o que nos é externo, afasta-nos de nós mesmos, de nosso mundo interior, que compreendemos menos que o mundo lá fora. Por estarmos distantes de nós, não compreendemos o mundo e muito menos a nós mesmos.

A relação do homem consigo e do homem com o próprio homem ainda nos é estranha e labiríntica, pois não nos confrontamos, não nos observamos para realmente termos domínio daquilo que somos.

A dificuldade fundamental do homem é seu relacionamento com suas emoções e seus sentimentos, que ora são suaves e harmoniosos, ora são avassaladores e desestabilizantes.

Como encontrar um ponto de equilíbrio? Como entender o mundo da afetividade? Como viver em harmonia conosco e com o mundo?

Pensando em mim mesma, nas experiências que tive, no modo como consegui superar algumas dificuldades e confrontar algumas ideias, estudando as emoções e tornando práticas algumas atitudes interiores, atitudes essas revisadas por uma nova maneira de ver e agir, escrevo este livro com a intenção de facilitar a reflexão daqueles que estão no processo da autodescoberta.

Conhecendo mais a dinâmica de nossas emoções, vivemos melhor, pois adquirimos um código capaz de atenuar aos poucos nosso "analfabetismo emocional".

Desafios são feitos no presente, único tempo possível, e fazer frente a si mesmo é o maior deles. Para um mergulho interior, são necessárias algumas ferramentas que facilitem o processo. Assim, use este livro como uma ferramenta, um meio para chegar a um fim.

Não passo a Verdade Universal; passo minha verdade. Que você possa, por meio dela, descobrir a sua.

Cabe a cada um de nós, como espíritos livres que somos, a responsabilidade por nosso destino e assumir nosso poder.

Encontremo-nos com nós mesmos, tornando-nos seres humanos melhores e mais felizes. O mundo será como nós formos. Não esperemos por um milagre. Façamos!

Sumário

1

certo e errado

> *"A pulsação do mundo*
> *É o coração da gente*
> *O coração do mundo*
> *É a pulsação da gente*
> *Ninguém nos pode impor,*
> *Meu irmão,*
> *O que é melhor pra gente"*
>
> (Milton Nascimento)

Vivemos numa época em que os conceitos, os valores, as crenças mudam tão rapidamente que perdemos o pé das situações com muita facilidade. Já não sabemos mais o que é certo e o que é errado, como devemos agir, se o que os outros dizem está certo, se não está, ou até que ponto podemos confiar nesta ou naquela norma de conduta. Com você não é assim?

Na maioria das vezes, entramos em conflito com nós mesmos, pois conseguimos enxergar que algumas coisas estão certas, porém, não se encaixam em nós, ou que para nós há um erro, mas todos o cometem.

O mundo não é exatamente como imaginamos nem como achamos que deveria ser. Parece-nos que as pessoas não entendem as coisas como entendemos. Há tanto para mudar, há tantas coisas que já não são valorizadas, mas que são tão importantes. Por outro lado, há coisas que não significam nada, que não nos são imprescindíveis, contudo, a maioria de nós lhes dá muita importância. Sentimo-nos desencaixados, diferentes, esquisitos...

Para sairmos da situação, fingimos que aceitamos, reprimimo-nos, escondendo de nós o que sentimos. De que maneira? Limitando-nos em regras externas, fazendo sacrifícios, entrando nos "eu deveria...", "eu tenho que...", sem observarmos o que sentimos. Passamos a uma atitude de conformismo ou revolta, crendo no mal, na maldade e na malícia.

Nos menores gestos, nas menores opções, vamos pelo que a maioria faz, pois não queremos ser diferentes dos outros, anormais, esquisitos ou alienados. Assim, se não gostamos de novelas e não as assistimos, não dizemos isso a ninguém. Fingimos que sabemos do que estão falando, pois podem achar que não somos deste mundo. Ou então, quando nos recomendam um filme de arte, e, embora tenhamos o achado chato, moroso, e tenhamos quase dormido no cinema, dizemos que era uma obra-prima e fazemos um discurso bem-elaborado sobre a intenção do diretor.

Queremos ser aceitos, estar sempre certos, não queremos errar. Queremos uma imagem positiva para mostrarmos o quanto somos bons, o quanto dominamos os principais conceitos sociais, o quanto somos inteligentes, cultos, hábeis e normais. Para tanto, guiamo-nos pelas normas, pelos modelos, e deixamos nosso sentir de lado. Insatisfeitos, mas supostamente aceitos.

Sentimento e cultura

Todo comportamento aprendido, que tenha sido socialmente adquirido, faz parte de um sistema cultural — isto é, nossos hábitos, valores, costumes, nossas ideias —, que garante a satisfação e continuidade de uma sociedade.

A cultura, a despeito de sua natureza conservadora, muda com o tempo e de lugar para lugar. Podemos observar isso quando escutamos nossos pais dizendo: "Antigamente, era muito diferente". Tudo muda: a sociedade, a cultura, as pessoas. Essas transformações são realizadas por meio de mudanças no comportamento social de algumas formas-padrão. Vejamos algumas:

Inovamos, isto é, variamos a moda, as cerimônias, inventamos, descobrimos coisas "ao acaso", avançamos tecnologicamente, fazemos imitação etc.

Aceitamos inovações culturais. Por exemplo, quando um pequeno grupo adota novos hábitos baseados na imitação de outras pessoas da mesma sociedade, como danças, música, moda, gestos, expressões. Já reparou em quantas transformações ocorreram nessas áreas nos últimos tempos? Música pop, rock, biquíni, minissaia, gírias, MPB, lambada e muitas outras.

Fazemos também uma eliminação seletiva. Um processo igual ao da seleção natural, isto é, os hábitos, quando não eficientes, são abandonados por outros mais adequados à época, como a grafia da língua, os ritos cerimoniais, a etiqueta, a tecnologia, a seleção de pessoal.

Por fim, integramos tudo quando os hábitos tendem a uma coerência geral, um influenciando o outro. Carro, telefone, celular, computador, eletrodoméstico, rádio, televisão e política são exemplos disso.

Tudo muda na vida. A única coisa que não muda é a mudança. A despeito de tudo, continuamos progredindo, e, inevitavelmente, isso perdurará enquanto houver vida.

Sociedade e individualidade

Nossa mentalidade (conjunto de nossas crenças) acompanha nossa cultura e é por esse motivo que, quando apenas damos importância para nossa mente, podemos ter um comportamento inadequado a nós mesmos. A mente "mente", distorce o que é verdadeiro, pois está repleta de valores morais e condicionamentos que não levam em conta o sentimento individual, mas o que é considerado correto e lícito no ideal social.

Isso não significa que a sociedade possua somente valores falsos e que apenas o que o indivíduo pensa e faz deve ser levado em conta. Há normas que mantêm o bom andamento social, e temos de cumpri-las, não por imposição, mas porque sabemos que são úteis para todos. Outras normas, porém, não têm o mínimo sentido, contudo, continuamos cumprindo-as sem sabermos o porquê.

Tanto a sociedade como o indivíduo são reais e estão em interação, mas é necessário tomarmos consciência do que é realmente importante para nós como pessoas e o que é cabal para a sociedade, mantendo um equilíbrio entre esses dois parâmetros para o bem de ambos.

O bem e o mal

Como agir de modo certo, então? Como devo ser? Como saber que não estou errando ao tomar determinada atitude?

As coisas servem para quem as acha úteis. Cada indivíduo tem sua medida, porque somos diferentes e estamos em distintos graus evolutivos.

Quando colocamos essas questões para nós, elas precisam ser respondidas por nossa consciência — capazes que somos de avaliar nossa ação na vida —, pois nosso destino é de nossa competência e de nosso arbítrio.

Tudo na vida é questão de adequação, pois as coisas em si não são boas nem más; todas comportam, no mínimo, dois pontos de vista.

Não há bem algum que não seja salvação para uns e extravio para outros. Quantas situações na vida são para nós um absurdo e para outros são o paraíso e vice-versa?

Vejamos um exemplo: uma mulher reclama que o marido a mima o tempo todo, que a trata como criança, fazendo tudo o que ela deseja. Outra reclama que o marido não liga para ela, que não se importa com o que ela faz. No fim da conversa, as duas dizem em uníssono: "Ah, se meu marido fosse como o seu!".

Assim, o mal e o bem, aqui, estão em função das necessidades de cada uma e não na ação praticada pelos respectivos maridos.

O mal, assim como o bem, é uma abstração ideal de ação, e ambos pertencem ao claro-escuro da vida de cada indivíduo e depende de como cada um os interpreta.

Julgamento e discernimento

Nós temos uma visão dualística das coisas e do mundo e, assim, automaticamente, as separamos em bem e mal, julgando-as segundo nossa ótica pessoal, nossa tabela, nossa agenda. Se elas são como eu, estão certas; se não são como eu, estão erradas. Tudo é analisado segundo nossas fronteiras individuais.

Na maior parte das vezes, usamos apenas nossa imaginação ou nosso saber intelectual, sem nenhuma vivência, sem termos passado pela experiência. Dizemos com muita facilidade: "Eu acho que...", "Eu penso que...", fantasiando em cima de fatos ou ideias que não fazem parte de nossa experiência de vida.

Muitas vezes, nós nos utilizamos de conceitos prévios (preconceito = pré: anterior, antes; e conceito: ideia, isto é, uma ideia anterior a uma vivência). Assim dizemos que todo católico é beato, que todo judeu é rico, que todo negro sabe sambar etc., generalizando e rotulando as coisas segundo os critérios que nos foram passados e que nós aceitamos sem questionarmos ou confrontarmos com a realidade.

Se nos dispuséssemos a ver as coisas como elas são, sem nos preocupar em qualificá-las como certas ou erradas, mas considerando sua extensão e suas características, poderíamos com mais facilidade e maior amplitude de visão observá-las e refletir sobre elas, fazendo uso de discernimento e não de julgamento.

No discernimento há uma atitude de compreensão (ação de aprender junto), sentimento (vindo das sensações) e educação, que nos auxilia a optar: "Serve para mim?", "Não serve?".

O que serve para mim eu uso, eu pratico; aquilo que não serve para mim, eu abandono, mas não fico criticando ou rotulando quem não faz como eu.

O criticismo

Você é daquelas pessoas que já saem criticando algo com que não concorda? Que tipo de coisa você critica? Tudo? Se a coisa não é como você imagina, você já sai dando seus palpites sobre ela?

Ou você acha que não faz críticas? Eu e minhas amigas costumamos fazer uma brincadeira. Dizemos que não fazemos críticas; fazemos somente "comentários metafísicos acerca do comportamento humano". Chique, não? Chique, porém críticas...

O criticismo vem de nossa visão negativa das coisas, de nossa crença em erro, em defeito. Vem de nossa mania de comparar (uma atitude tipicamente vaidosa) para estabelecer o "mais que", o "menos que", o "melhor que", o "pior que", sem termos realmente experienciado aquilo interiormente, sem termos o significado da vivência.

Ficamos no "achismo", sem sentirmos de verdade. É tudo coisa de nossa cabeça.

Criticamos porque acreditamos ingenuamente que criticar conserta. Não colocamos os pés na realidade; vamos atrás de nossas fantasias, de nossas ilusões, acreditando que, se criticarmos, poderemos mudar o outro, mudar o mundo, consertar tudo o que está inadequado. Não aprendemos que ninguém salva ninguém, que ninguém conserta ninguém. Não acreditamos realmente que "nenhuma ovelha de meu Pai se perderá".

Todos nós temos como único destino a bem-aventurança, porém, é difícil para crermos que a vida não erra. Tudo na vida está como deveria estar; nem mais nem menos, só como é. Cada um de nós é o próprio caminho, a própria verdade e a própria vida.

Somos seres únicos, singulares, cada qual com seu modo de ser, sentir, pensar e agir. Cada um de nós está vivendo suas experiências, sua vida, exercitando seu arbítrio e suas crenças no nível de consciência que tem.

Verdade e realidade

Cada um de nós é seu destino, que depende das atitudes que tomamos, de nossas opções e de nossas escolhas. O poder é nosso e não do mundo ao nosso redor.

Agimos, de uma maneira ou de outra, porque cremos que é o melhor. Assim, agimos porque cremos. São nossas crenças interiores que nos levam a tomar determinadas atitudes e não outras.

Conseguimos observar nossas ações fora, observar nossa consciência, mas perdemos muitas vezes as atitudes interiores que geraram essas ações. Por trás de nossas atitudes e de nossa postura de vida, existem crenças arraigadas em nós. Crenças estas que nos são inconscientes.

Para além das crenças estão nossos valores, isto é, as coisas que consideramos certas ou erradas, bonitas ou feias, úteis ou inúteis, justas ou injustas, nas diversas áreas da vida.

Assim, são nossas crenças, sustentadas por nossos valores pessoais, que fazem nossa realidade, e por esse motivo tudo na vida é relativo.

A realidade depende de nós, de nossa consciência das coisas e de nossas atitudes. A realidade é fora como nós somos dentro. Tudo o que está dentro está fora, pois o mundo é uma coisa só, interligado, sem separação. Tudo é energia em diferentes níveis de manifestação.

Vejamos um exemplo: se sou uma pessoa que não se valoriza, que não se dá força, que não acredita em si mesmo, como conseguirei atrair prosperidade e sucesso para mim? Se dentro de mim há algo que diz que não mereço, a realidade aqui fora também diz que não mereço.

Já a Verdade é absoluta, pois independe de nós e é mais forte que nossa crença. A Verdade é o bem, o prazer de ser, a alegria, a certeza, a segurança. Todo positivo vem da Verdade. Ela é perfeita e eterna. É nossa meta e nossa libertação. Ela é aquela sensação de encaixe, lucidez, coesão, expansão. É aquilo que para nós faz sentido integral sem necessitar de explicação.

Verdade é sensação!

"Nós estamos entre a verdade e a realidade", pois ora estamos em estados ilusórios, cheios de ego, de vaidade, ora estamos plenos de certeza, de presença, de inteireza de alma.

Sentir e pensar

Por que ficamos alternando de um estado para o outro?

Porque, embora tenhamos os órgãos dos sentidos para captar o mundo e decodificá-lo segundo as sensações que ele nos provoca, nós os desprezamos e vamos atrás do que nos disseram, do que nos ensinaram, das regras, das normas, sem nos darmos conta se aquelas sensações nos fazem bem ou mal.

Evitamos o sentir e ficamos só no pensar, no imaginar.

Fomos ensinados a valorizar mais o intelecto que o coração. Isso vem sendo passado de gerações para gerações, a ponto de termos como verdadeiro que é melhor seguir a mente do que sentir.

Você se lembra de quando era pequeno e se machucava? Nossos pais diziam para as meninas: "Quando se casar, passa. Não ligue". E para os meninos: "Homem não chora". Pois é! O que sentíamos não tinha lá importância, era coisa de criança.

Mas, se chegássemos com uma nota baixa... Você se lembra? Meu Deus! Como era importante ser bom aluno, estudioso, inteligente.

Isso se tornou uma crença profundamente enraizada em nós, a ponto de nos sentirmos culpados quando nossos sentimentos são transparentes. Queremos que os outros nos vejam como pessoas de QI alto, inteligentes, capazes, perspicazes, mas não gostamos quando notam nossa sensibilidade, afetividade, raiva, nosso medo.

Separamos o pensar do sentir para protegermos nossa vaidade, nosso orgulho, nosso ego. Estamos tão identificados com nossa aparência que fazemos qualquer negócio para protegê-la.

Temos medo de ser "cafonas", fazer besteira, ser ridículos. Temos medo de assumir aquilo que realmente somos: gente!

Não confiamos em nós, não confiamos na vida e achamos que, se deixarmos a coisa fluir naturalmente, tudo dará errado.

Não confiamos no sentir, não confiamos na Natureza. Não aprendemos que as coisas vêm quando podemos percebê-las. A vida não é sádica.

A vida não cobra de nós aquilo que não somos capazes de perceber. Só o orgulho cobra.

A vaidade, grande tirana, sustenta nossos fracassos escondidos e nossos sucessos aparentes.

Como saber o que nos é adequado? Onde buscar respostas? A Natureza sempre nos mostra o que é adequado e o que não é adequado para nós por intermédio de nossas sensações.

As sensações que temos é a linguagem que a alma usa para se comunicar conosco. Se a sensação é boa, é o bem; se a sensação é ruim, é o inadequado. A verdade é sensorial.

As sensações são nossos guias internos, são referenciais de nosso comportamento. Só o que eu sinto pode ser verdadeiro para mim.

Precisamos nos permitir sentir e refletir sobre esses sentimentos. Para alçar um voo alto, precisamos de duas asas: inteligência e coração. Precisamos nos capacitar, adquirir a aptidão para compreender nossos sentimentos e nossas emoções.

Mas, para podermos ler o que sentimos e compreender o que se passa conosco, precisamos nos permitir sentir e admitir que esse sentir é único. Ninguém no mundo sente igual a mim. Só eu sinto o que sinto!

Sentir é a chave!

Não há opiniões sobre o que eu sinto, pois a experiência é minha. Experiência é algo intransferível. Só eu sei o que é bom e o que não é bom para mim. Você deve estar se perguntando: como assim é algo intransferível? Não aprendemos com os outros?

Vamos observar isso de uma maneira muito fácil de entender: eu faço um bolo de chocolate, coloco um recheio de doce de leite, cubro com uma camada bem grossa de chantilly, ponho por cima raspas de chocolate e o enfeito com grandes morangos vermelhos. Como um bom pedaço e depois digo para você: comi um delicioso bolo de chocolate todo recheado e com cobertura!

Se você gosta de bolo e, num esforço de imaginação, consegue visualizar a cena, pode até ficar com água na boca, mas não conseguirá sentir o que eu senti, pois fui eu quem comeu o bolo.

Se por outro lado você não gosta de doces, mas ficou impressionado com meu relato, pode ter um arrepio só de imaginar a cena. Isso, contudo, não o afeta em mais nada, pois quem comeu o bolo fui eu.

Experienciar é estabelecer significados, que são completamente diferentes dos significados de outras pessoas, pois somos diferentes. Cada um de nós é uma individualidade, isto é, um ser integral e único, peculiar e original. Ninguém é igual a ninguém. Cada um é um.

Nessa diferenciação está nossa unicidade.

O experimentador, aquele que sente, não participa do mundo, mas a experiência se realiza nele. As experiências não são coisas que acontecem entre nós e o mundo, mas sensações em nós e como as interpretamos.

O escritor Aldous Huxley escreveu: "Experiência não é o que aconteceu com você; mas o que você fez com o que lhe aconteceu".

Tudo o que procuramos está dentro de nós. Às vezes, costumamos dizer: “Não sinto nada”. O “sentir nada” é estar longe da própria fonte interior; é estar desligado dos próprios sentimentos.

Como não sentir nada?

Temos mais de três bilhões de reações e sensações por segundo, como, então, não as escutamos?

Quando fico longe de mim, quando não me escuto, quando não ligo para o que sinto, abro um espaço entre mim e minha alma. E é nesse espaço que entram as neuras, os conflitos, as incertezas: “Será que estou certo?”, “Será que estou errado?”, “Como ter certeza?”.

Confiar! Confiar no sentir. Confiar é estar com um fio ligado à... Ter a sensação dentro de si. Sensação de si.

Somos a porta para nós mesmos e podemos decidir. Abrir ou não é uma opção só nossa. A alma pede, mas é a consciência, por intermédio do arbítrio, que opta por atender ou não.

Experimente sentir por alguns instantes a vida fluir, na certeza da realidade cósmica... O agir divino procedendo do interior de nós mesmos. A alma jamais erra!

Errar é certo

Nossa consciência aprende por contrastes. As descobertas são feitas por meio do claro e do escuro, da falta, do excesso etc. Às vezes, interpretamos de maneira inadequada para nós, pois a mente, dissociada dos sentidos, falhou em algum ponto.

Vamos atrás de nossas fantasias, dos "eu acho que" e não conseguimos acertar. Acabamos, então, errando. Todo erro é uma ilusão, e toda ilusão é um erro.

A função da ilusão é nos fazer perceber a realidade de algo. Ela é dolorosa e nos faz querer nos afastar dela. Toda ilusão termina em desilusão. Toda mentira termina quando a verdade aparece.

A partir do erro, ou seja, da ilusão você chega ao caminho da verdade; a desilusão é a porta do real. O erro, então, foi o caminho do acerto, daí podermos afirmar que errar é certo!

Toda experiência é sempre um sucesso. Todos os caminhos estão corretos. Errar é o caminho para acertar. É descobrir uma hipótese a menos.

Enquanto a vida passa por nós, aprendemos com ela. Somos espaços vivenciais, em que certo e errado não se aplicam.

Podemos optar por agir com inteligência para evitar a dor ou podemos optar pela dor por não querermos escutar a alma, mas são apenas opções, mais nada.

Temos, contudo, medo do erro, e esse medo nos empurra para trás, nos fazendo tomar posturas contrárias a nós. Assim:

- vigiamo-nos para não fazer feio;
- não queremos experienciar o novo, o diferente, porque não o dominamos;

- criticamo-nos e nos condenamos nos mínimos deslizes;
- prendemo-nos em nome de algo que nem abraçamos;
- tornamo-nos exigentes e controladores;
- culpamo-nos;
- punimo-nos;
- amedrontamo-nos com a vida;
- tornamo-nos cobradores e cobráveis;
- transformamo-nos em pessoas perfeccionistas;
- mantemo-nos em tensão constante;
- a vaidade nos aprisiona!

"Corpomente"

Como corpo e mente são uma única e só realidade, uma unidade psicossomática, um refletindo o outro, aspectos inseparáveis da mesma essência, acabamos somatizando nossos padrões de pensamentos negativos, gerando em nós doenças dos mais diferentes tipos.

Quando não fazemos o nosso melhor, quando nos deixamos invadir por normas externas e não escutamos nosso Eu interior, nosso sistema de proteção interno nos mostra que nossa atitude não está sendo o nosso melhor, então, somatizamos.

Assim, por sermos muito críticos, não filtrarmos as coisas com tanta facilidade, não nos livrarmos do que não nos serve mais e, por usarmos pouco nossa capacidade de discernimento, acabamos quebrando a harmonia natural existente em nós.

No corpo, os padrões de pensamento aparecem de diferentes maneiras, conforme o nível de entendimento e de consciência de cada um.

Podem surgir cólicas, cálculos nos rins, dores de estômago, dores de cabeça, intestino preso, boca amarga etc.

Os pensamentos que nutrimos e as atitudes que tomamos criam vida. Se desejo uma vida melhor, tenho de ir pelo meu melhor.

Seguir o bom senso, ou seja, o senso do bem — a inteligência a favor do coração e ambos a favor da vida — é a melhor opção.

Muito mais importante do que estarmos certos é estarmos felizes com nós mesmos.

Moral

Na vida, fazemos avaliações o tempo todo. Isto é, quando observamos algo, conversamos com alguém, compramos algum objeto, passamos por uma experiência, automaticamente, emitimos nossa opinião a respeito, mostrando o que aquilo representa para nós a partir dos valores que temos. Valores como beleza, praticidade, agradabilidade.

No início do capítulo, vimos que herdamos da cultura uma série de comportamentos. Aprendemos, por exemplo, a respeitar os mais velhos, a nos comportar diante das autoridades, obedecer, ter responsabilidade, ouvir, comer, de maneira que, quando agimos de um modo ou de outro, somos avaliados como bons ou maus.

Essa avaliação é feita por pessoas à nossa volta ou por nós mesmos. Se acertamos, somos recompensados com elogios; se erramos, somos criticados ou punidos. Sabe aquela vozinha interior que fica o tempo todo nos dizendo que estamos acertando ou errando?

Há uma parte na filosofia que estuda essas normas. Ela chama-se ética, e dentro dela há uma parte específica que estuda o comportamento humano: a moral.

A moral é constituída de normas associadas a ideias sobre formas certas ou erradas de comportamento. É um conjunto de valores aceitos pelo social.

A moral muda com o tempo e as experiências do homem; muda conforme suas reflexões sobre a vida se transformam.

Assim, houve tempos em que era considerado imoral a mulher mostrar as pernas, divorciar-se, fumar etc. Podemos questionar isso com nossas avós ou mesmo com nossas mães. Atualmente, essa realidade, contudo, já não se faz presente, embora ainda tenhamos alguns preconceitos baseados nessa moral.

As normas morais dão a um sistema social seu caráter, sua consistência e unidade. Elas auxiliam a preservação do conjunto social, estabelecendo regras que devem ser cumpridas por todos.

A moral, no entanto, não se restringe apenas a essa característica social, pois ela também tem um caráter pessoal, isto é, nós, seres humanos, podemos acatar ou não as regras sociais. Somos seres pensantes, reflexivos, conscientes e possuidores de arbítrio, o que nos possibilita questionar se essas regras estabelecidas nos servem ou não.

Cada um de nós, conforme as próprias experiências de vida, tem uma visão diferente das coisas, portanto, uma moral diferente. Não há coisas que o deixam escandalizado e outras que você aceita?

Muitas vezes, entramos em conflito, pois nossos valores não são os mesmos que os pregados pela sociedade. Ficamos entre o individualismo doente e o autoritarismo estreito.

Para um comportamento sadio é necessário um equilíbrio entre essas duas forças. Para tanto, precisamos sempre discutir, refletir e buscar significados para as regras estabelecidas. Precisamos confrontar, a partir de nossas vivências, se essas normas fazem sentido ou não, contribuindo, assim, não apenas com nós mesmos, mas também com a renovação da sociedade em que vivemos.

Viver é um ato criativo por excelência. É com nossa contribuição que a sociedade progride. Embora ela nos estabeleça regras, já tem como certo que elas serão discutidas e quebradas pelos indivíduos, pelo bem e pelo progresso da própria sociedade.

A moral pessoal

Quando fazemos uma opção, nossa consciência moral, quer a notemos ou não, se faz presente. Baseamo-nos nas normas vigentes e no que pensamos a respeito delas, em nossas vivências e no que significaram para nós. Sem a experiência, fica apenas a regra pela regra, isto é, sem o que dá sentido e significado à escolha.

Assim, todo pensamento que não tenha um sentimento pessoal é moralizante, pois só leva em conta o que a sociedade estabelece como certo ou errado, sem considerar as sensações do indivíduo.

A moral social nunca resolve os problemas emocionais do homem, pois sua função é moldar o comportamento dos indivíduos para melhor controlá-los.

Se desejamos ter uma vida criativa, repleta do bem, da beleza, da verdade, precisamos aprender a valorizar nossos sentimentos e nossas sensações, escutar a alma e confiar na vida. Viver uma vida de bem e de luz interior é a grande virtude. Ser o que é, nem mais nem menos. Só ser o que é.

Vida sem felicidade não vale a pena! Temos de ir além. Além da razão, dos preconceitos, dos limites artificiais. Temos de ir para um espaço mais cheio de significado: para dentro de nós. Buscarmos todas as respostas, todas as soluções em nós, experienciando, aprendendo, vivendo com a vida e a favor dela.

Quando somos felizes, o mundo à nossa volta se torna mais feliz. Cuidar de si mesmo, autogerenciar-se, é prazeroso para o indivíduo e uma contribuição para o mundo. O mundo só pode ser melhor quando eu for melhor.

Na trilogia Guerra nas Estrelas, de George Lucas, podemos observar na luta travada por Luke Skywalker contra Darth Vader a mesma luta que travamos com nós mesmos: vamos nos deixar engolir pelo lado negro da força, pelo sistema social, pelo domínio do imposto, pelo domínio de nossa cabeça ou vamos viver nossa humanidade, nosso Eu interior, vivendo de acordo com o que sentimos?

Se soubermos garantir nosso lado verdadeiro, viver pelo nosso melhor, poderemos ter a certeza de que “a Força está conosco”.

2

defesas e resistências

Ouça um bom conselho
que lhe dou de graça
Inútil dormir
que a dor não passa
Espere sentado,
ou você se cansa
Está provado,
quem espera nunca alcança.

(Chico Buarque)

Somos um sistema dinâmico de energias. Forças atuam em nós, fazendo-nos agir de uma maneira ou de outra conforme as dirigimos e provocando um determinado tipo de comportamento.

A energia de vida apresenta-se em diferentes níveis de manifestação: dos mais básicos aos mais sutis.

Primeiramente, a energia aparece com características instintivas, impulsivas, que nos levam para frente e estão ligadas à nossa sobrevivência e defesa. São energias inconscientes, irracionais e complexas, pois não sabemos como avaliá-las. São forças que não conhecemos diretamente, mas seus reflexos se fazem presentes. São forças de ação.

Há outro nível da energia de vida em que ela se faz consciente. Nesse nível, temos o controle. Podemos redirigir nossos impulsos, colocar nossa atenção nesse ou naquele ponto, atuar com a vontade, perceber as situações, pensar, refletir, resolver, planejar, escolher e decidir.

Além desses, há o nível que poderíamos chamar de metafísico, isto é, no qual nossas almas estão, as coisas fazem sentido, são sutis, não lógicas, cheias de significado. Em que a verdade é simples, a natureza essencial das coisas se apresenta de maneira fácil, em que não existe tempo nem espaço e tudo é possível, não havendo relação de causa e efeito.

Essas forças atuam em nós, todas ao mesmo tempo, num movimento dinâmico, deslocando-se para diferentes lados, fazendo-nos experienciar a vida e aprender com ela.

Forças em conflito

Ao tentarmos satisfazer a algumas necessidades pessoais, podemos colidir com as regras morais, com os valores da sociedade, da cultura e do ambiente em que vivemos. Essas normas, como já vimos, são bastante claras para nós, pois fomos educados, por meio de um sistema de punição e recompensa, a respeitá-las.

Desenvolvemos, então, um sistema de forças restritivas e inibidoras, que controlam essas necessidades de modo que não contrariem as regras sociais. Esse sistema internalizado em nós transforma-se em um juiz que regula nossos atos, informando-nos o que está de acordo com o social e o que não está.

Assim, as regras externas passam a ser internas. Nosso juiz interior substitui o controle exterior.

Contudo, não é porque as regras existem que deixamos de querer satisfazer a determinadas necessidades. As forças, então, entram em conflito, provocando-nos mal-estar.

Para reduzir esse mal-estar e a dor que ele nos provoca, desenvolvemos alguns artifícios para trabalhar com o conflito, mantendo nossa imagem e nos protegendo. Esses artifícios são úteis para abrandar nossas frustrações, mas, quando usados de maneira inadequada, nos impedem de crescer e buscar novas alternativas de respostas.

Vejamos como utilizamos alguns desses artifícios:

Racionalização: quando apresentamos razões válidas ou socialmente aceitáveis para justificar nossa conduta. Sabe aquela famosa frase que usamos: "Tive boas razões para ter agido assim..."? Exemplo: "Não consegui responder ao questionário que me deram, porque as questões estavam tão mal formuladas". Lembra bem a fábula *A raposa e as uvas*, em que a raposa, não conseguindo alcançar as uvas para comê-las, resolveu dizer que elas estavam verdes.

"Ah! O lugar não é tão ruim assim..." ou "Não é tão ruim quanto parece. Nós nos acostumamos." É o "adocicar o limão". Atirada a uma situação que não suporta, a pessoa diz que ela não é tão ruim quanto aparenta.

Projeção: quando atribuímos a outra pessoa um comportamento que é caracteristicamente nosso e a responsabilizamos por comportamentos que estão em nós, embora não os enxerguemos. Exemplo: "Detesto gente mandona e autoritária". Essa frase é típica de pessoa supermandona, que vive tentando corrigir os outros, mas não percebe isso em si mesma. Os outros, então, tornam-se espelhos para que ela possa se ver.

Tudo o que gostamos ou detestamos no outro temos em nós. Só reconhece quem já conhece.

Repressão: quando não conseguimos dar respostas, porque a situação é demasiadamente desagradável, então, a emoção que sentimos ou a ideia que tivemos fica recalcada, reprimida e inconscientizada. Tiramos de nossa consciência para não vermos. Isso não significa que a situação sumiu; apenas não a temos no nível de visão imediata. Por exemplo: uma pessoa sofre um acidente e fica bastante traumatizada com o fato, então, não consegue lembrar-se do momento em que ele aconteceu. É como se ela tivesse passado uma borracha no ocorrido.

Há acontecimentos em nossa vida que não sabemos como trabalhar ou enfrentar, então, os tiramos de nossa vista e fazemos de conta que eles nunca existiram. Coisas bastante comuns, como medos, sentimentos de culpa, ódio, agressividade, humilhações.

Formação reativa: quando impedimos a reação de um impulso por considerá-lo feio ou fora dos padrões e das normas e o substituímos por outro, que é seu oposto. Por exemplo: uma pessoa tem uma sensualidade muito forte, mas não a admite nem sabe trabalhar com ela. Essa pessoa, então, assume uma postura puritana, exagerando na atitude oposta como uma reação aos próprios desejos.

Outro tipo é o do valentão, aquele homem com mania de John Wayne, que diz que soca, bate, faz e acontece, mas na verdade tem medo da própria sombra. Tem uma valentia ostensiva para tapar o medo que sente.

Identificação: quando assumimos algumas características da pessoa ou do grupo que possui o que nós queremos (triunfo, beleza, segurança, jovialidade, inteligência etc.). Por exemplo: o torcedor de futebol que busca na identificação com seu time o triunfo e a glória que ele não conseguiu.

Os casos típicos dos adolescentes que buscam na imitação de seus ídolos o destaque, a rebeldia e a contestação que não são capazes de assumir, pois seus sentimentos de inadequação são muito fortes.

As pessoas que buscam segurança e a encontram no apoio do grupo ao qual se ligam ou ainda as mulheres que desejam a beleza e se identificam com atrizes famosas.

Deslocamento: quando fazemos a substituição de algo para prover nossa necessidade. Ou seja, uma motivação, uma emoção, desloca-se de seu objeto primitivo para outro substitutivo. Exemplo: a pessoa não trabalha bem com suas emoções, tem necessidade de afeto, não sabe dar-se, então, passa a fumar ou a comer para saciar sua necessidade não resolvida.

Compensação: é também um deslocamento. Um comportamento é bloqueado por um defeito e compensado no desenvolvimento de outro atributo mais pronunciado. Nesse contexto, a pessoa também pode desenvolver, por meio de um esforço sobre-humano, a função em que inicialmente era deficiente. Exemplo: o filósofo grego Demóstenes era gago, mas conseguiu dominar sua gagueira e tornar-se um dos maiores oradores da Grécia Antiga.

Temos também o exemplo do ator Johnny Weissmuller, o Tarzan do cinema, que teve poliomielite na infância, mas se tornou um atleta olímpico e campeão de natação.

Podemos citar também as pessoas que nascem cegas ou ficam cegas e que desenvolvem o sentido do tato com mais apuro que aquelas com os cinco sentidos.

Regressão: quando voltamos a um comportamento anterior, procurando uma satisfação também anterior. Exemplo: a criança que ganha um irmãozinho, perde o "trono" e começa a engatinhar novamente ou a querer a chupeta.

Quando não fazem o que queremos ou as coisas não se comportam como imaginamos e temos uma crise de birra, choro ou qualquer reação que já tenhamos ultrapassado, mas voltamos a tê-la.

Fantasias: quando encontramos, por intermédio do devaneio, do sonhar acordado, um modo de manter nossa imagem positiva. Exemplo: quando nos vemos dando respostas inteligentes e sensatas e tapando a boca daqueles que riram de nossa opinião. Ou quando nos imaginamos vivendo um romance repleto de situações de conflito em que nos saímos bem e como heróis.

Fuga: quando realmente desistimos de encontrar uma solução e evitamos de todos os modos a situação. Exemplos: a pessoa desiste de procurar um emprego, pois acha que não conseguirá passar nos testes de aptidão, que nunca vão lhe pagar o que merece ou ainda que não conseguirá permanecer nele por muito tempo.

Nesse caso, a pessoa tem medo de se expor, então, se torna tímida, retraída, e usa essa desculpa para se afastar dos outros e do perigo que eles possam representar a ela.

Apatia: quando construímos em volta de nós um muro que nos protege da situação real. Não vemos saída e nos acomodamos na situação como se ela fosse sem solução e que só nos resta aceitá-la. Exemplo: aquele casamento que há muito já acabou, mas que não se dissolve por causa dos filhos. Em que a rotina sufoca tudo e não há parceria.

Ou também o curso que uma pessoa faz porque é desejo dos pais e eles estão pagando tudo. Não há interesse, não há motivação.

Alguns desses mecanismos fazem parte de nosso dia a dia e de nossa maneira de ser, e nós os utilizamos como medidas de precaução. São cuidados vindos de nossa experiência. Um jeito de lidarmos com as coisas, as situações e as dificuldades.

São respostas que fornecem uma proteção, enquanto procuramos um modo de enfrentar a situação ou nos ajustar a ela.

Inconscientização

Inconscientizar é um processo psicológico que tira de nossa consciência, num determinado momento, tudo aquilo a que não estamos dando atenção. Assim, quando estamos entretidos numa leitura, podemos deixar de escutar o comentário de alguém que esteja bem próximo de nós, embora não sejamos surdos. Como nossa atenção está voltada para outra atividade, o resto fica no inconsciente, ou seja, é registrado por nosso cérebro, por nosso corpo, mas não com consciência.

Inconscientizamos tudo aquilo a que não estamos dando atenção. É um processo natural em nós e uma maneira de selecionarmos os fatos para podermos trabalhar com mais acuidade, sem dispersão dos sentidos. O processo é automático e influenciado por nosso estado de espírito, nossas percepções e nosso organismo como um todo.

Nossa consciência está onde está nossa atenção. O resto é colocado num nível que chamamos de inconsciente.

Aquilo que não está aqui e agora, que está fora do foco de atenção, é inconsciente.

Resistência

Há em nós também um modo de usar esses mecanismos de defesa e de inconscientização de maneira inadequada, e eles acabam se voltando contra nós mesmos. A esse processo damos o nome de resistência.

Resistência é o inconscientizar, é o não querer ver ou tomar consciência do fato. É querer solucionar o problema negando-lhe a existência. É não desejar descobrir o que está causando a situação em que se está. É não querer enfrentar.

Resistências são os comportamentos que criam as dificuldades. Criamos as resistências para nos defender (onde há defesa, há um ponto fraco). Só se fecha quem é machucável. Vai doer? Vou evitar.

A resistência nasce de uma ideia de perigo, dor, sofrimento. Desenvolve-se em cima de nossas fraquezas e alimenta-se de nossa vaidade. São pensamentos contrários àquilo que queremos, relacionados às nossas defesas.

Resistência tem a ver com mentir para si mesmo. Querer parecer ser o que não é. É o não se assumir, não se garantir. Precisamos ser mais do que somos, pois, em nossa ilusão, se formos como somos, não seremos aceitos.

Quando não nos garantimos, quando deixamos de ser importantes para nós mesmos e quando não nos aceitamos como somos, nos abandonamos e nos tornamos inseguros e cheios de medo.

Para atenuar nosso medo, levantamos barreiras à nossa volta a fim de nos proteger do mundo e do mal que julgamos que ele possa nos causar.

Quanto mais resistimos, mais a "coisa" se pronuncia. Sabe aquele ditado que diz "Se ficar, o bicho pega; se correr, o bicho come"? É isso o que acontece, e o pior é que acontece na mesma proporção.

Existe uma lei na física chamada de "Princípio de ação e reação", que diz que, para toda força de ação, há uma reação de intensidade igual e oposta correspondente. Assim, se um carro em altíssima velocidade bater em algo, provavelmente, não sobrará muito do carro após o impacto. Mas, se a batida ocorrer com o carro numa velocidade reduzida, os danos serão menores.

Transferindo essa lei para o que estamos analisando, podemos afirmar que, quanto maior for a resistência, maior será a dor que ela provocará.

Vamos observar de maneira prática: o que está encrencado em sua vida? O que não está indo? O que está fechado? É nessa área que você está resistindo. É aí que você está colocando barreiras. Está doendo? Está incomodando? Observe o quanto isso dói, o quanto isso o incomoda. Essa é a medida de sua resistência.

Sua alma está propondo-lhe mudanças, mas sua cabeça está dizendo não. Você está fugindo para evitar ver e mudar. "Ah! Imagine se eu quero sofrer!" Você deve estar me retrucando. Prefere a dor da situação à da mudança e do desconhecido. É bem aquela coisa de melhor um leão conhecido do que um camundongo inesperado. Ou não é?

Sincronicidade

Na vida, nada acontece por acaso. A Natureza, Deus, seja lá como você chama as forças superiores, não jogam dados. Tudo é sincrônico. Tudo é perfeito. Nossas atitudes interiores fazem nosso destino. Passamos a atrair tudo o que, de uma maneira ou de outra, tenha a ver conosco.

Vejamos um exemplo: detesto gente falsa, que fala mentiras. Elas me irritam profundamente, mas, vira e mexe, aparece um tipo desses em minha vida. Seja no escritório, em casa, numa repartição pública, não importa. Sempre há quem venha com lorotas ou fingimento. Por que para mim? Por que sempre caio nessa?

Se já temos condição de ver e não vemos, a vida exagera, porque ela não perdoa a não tomada de consciência. Todo exagero só chega em sua vida quando você não quer ver. A vida busca formas de fazê-lo encarar a situação e lembrar-se de coisas que você quer esquecer, mas que já tem condições de trabalhar e transcender.

Voltando ao nosso exemplo, eu estou atraindo gente mentirosa e fingida. O que há nessa situação para mim? Por que isso me incomoda tanto? "Ah! A mentira é feia. Temos de ser sinceros etc." Bem, isso foi o que eu aprendi, mas será que eu realmente ajo segundo esses princípios? Será que, de fato, sou uma pessoa honesta comigo? Faço o que tenho vontade? Digo o que sinto? Sou fiel aos meus sentimentos? A vida faz um espelho em que nos refletimos. Os problemas não existem fora de nós e de nossa interpretação.

Se algo está presente em nossa vida, tem a ver conosco. Precisamos ter humildade suficiente para encarar isso e poder crescer. Sem humildade e modéstia, não é possível trabalhar nossas resistências.

Quando cedemos — não aos outros, mas a nós mesmos —, quando nos permitimos olhar para nós sem culpas e recriminações, mas olhar para descobrir e crescer, as energias que trabalhavam bloqueando algo perdem a função.

Tudo é fácil quando somos fáceis. Precisamos prestar mais atenção no que nossa alma fala. Ela nos propõe caminhos, saídas, maneiras melhores de viver. Se soubermos ouvir essa voz interior, tudo ficará mais claro e nos causará menos sofrimento.

Quando a tempestade vem, ela derruba árvores imensas e duras, mas o coqueiro, que se permitiu balançar ao sabor dos ventos, fica intacto. São necessários jogo de cintura, flexibilidade, destreza da inteligência para que não precisemos sofrer para aprender.

A grande saída

A cura para a resistência é o garantir-se.

Temos poderes imensos em nós: força, firmeza, coragem, persistência etc. Podemos trabalhar com essa força a nosso favor, garantindo-nos!

A força é nossa. Podemos usá-la a nosso favor ou contra nós.

Quanto mais nos assumimos, mais nos garantimos, e menos resistência negativa temos. Então, toda a força que fazíamos para nos proteger e toda a energia que usávamos para nos defender podem ser usadas para nos autoapoiar.

Mudamos a direção da energia e damos outra função à força: autossustentação!

Melhorar nossa vida depende de nossa garantia.

Quando ficamos do nosso lado, todas as forças da vida e todas as forças espirituais ficam do nosso lado, em cima de nossa postura.

Vamos nos questionar:

Eu assumo o que sinto?

Eu garanto o fácil?

Eu me garanto sem culpa?

Eu garanto fazer somente o que gosto?

Eu garanto só me escutar?

Eu garanto minha individualidade?

Eu tenho consciência de meu poder?

Eu garanto minha confiança na vida?

Eu garanto me amar?

Se você não garantir, terá inseguranças. E, se tiver inseguranças, criará resistências, que doem porque nos amarram, nos aprisionam, impedindo-nos de ser o que realmente somos: indivíduos em constante evolução.

Exercício para detectar a resistência

Quando temos algo encrencando nossa vida, podemos nos questionar a respeito, pois ali há algo para aprender e superar.

Assim, se algo não está bem, precisamos nos perguntar:

Do que eu me livro se isso não for para frente?

Qual é a vantagem de eu não descobrir uma saída?

O que eu ganho se as coisas não derem certo?

Do que eu tenho medo?

Ao respondermos essas questões honestamente, localizamos o que tememos, achamos o ponto fraco. Tomamos consciência do que estamos fugindo, confrontamos, aceitamos como algo com que podemos lidar, aprendemos com a experiência, e, consequentemente, a resistência perde sua função.

À medida que descobrimos que, embora tenhamos um problema, não somos o problema, nos desidentificamos. Quando isso ocorre, fica mais fácil lidar com a situação. É como se tratássemos de um paciente, de alguém fora de nós. Você não é ótima para dar opiniões sobre os problemas dos outros, mas não consegue solucionar os seus? Pois é. Quando nos desidentificamos, eles deixam de ser "nós" para ser somente o que são. Aí, fica mais fácil de lidar com esses problemas.

O observador não é a coisa observada. Passamos a ter outra perspectiva, outra visão sobre o fato. Podemos observar imparcialmente, usar nossa capacidade de discernimento para encontrarmos uma solução, uma saída, pois não estamos identificados com a situação e por esse motivo podemos ver as coisas com maior clareza.

Uma vez, uma amiga me ensinou isso de uma maneira bem simples. Ela me disse: "Pegue o dedo indicador e coloque-o a uma razoável distância de seus olhos. Depois, venha trazendo-o cada vez mais perto de si até que ele fique encostado em seu nariz, entre seus olhos. Quando você conseguiu vê-lo melhor? Quando ele estava mais perto ou mais distante de si?".

Logicamente, eu o vi mais nítido quando ele estava mais distante, pois, embora eu pudesse senti-lo sobre meu nariz, entre meus olhos, não podia observá-lo com nitidez, pois ele estava perto demais.

Assim são nossos problemas. Precisamos vê-los a uma distância maior, impessoalmente, para podermos solucioná-los. Se estamos misturados aos nossos problemas, tornamo-nos eles e não conseguimos enxergá-los com nitidez.

Os fatos que acontecem em nossa vida são desafios para nosso desenvolvimento. Todas as soluções moram em nós. Se confiamos no processo da vida, se aprendemos a não brigar com ela, se entendermos o que o Universo está nos propondo, fica mais fácil e prazeroso viver, ir no fluxo do próprio crescimento, da própria vida, ir...

Não vamos lutar contra a resistência; vamos transcendê-la.

3

vitimismo

Ninguém me ama
Ninguém me quer
Ninguém me chama
De "meu amor"
A vida passa
E eu sem ninguém
E quem me abraça
Não me quer bem.

(Antonio Maria/Fernando Lobo)

Às vezes, temos uma sensação de total abandono pela vida. Parece-nos que tudo acontece conosco. Tudo de ruim, lógico!

É como se tivéssemos ficado órfãos de Deus. Sentimo-nos vítimas do mundo, das situações, das pessoas.

Pensamos de maneira catastrófica, com mágoa, dor, sofrimento, misturando emoções de raiva, ódio, amargura, ressentimento, culpa e outras tantas que nem mesmo sabemos decifrar.

"Ah, dei tanto e agora olha o que recebo em troca!", "Não merecia ser tratado dessa maneira!", "Sou tão bom. Por que será que essas coisas me acontecem?", "Nunca fiz mal para ninguém. Por que será que a vida me castiga tanto?".

Pensamos ser vítimas da situação, das pessoas e das coisas.

Vítimas, sim. É assim que nos sentimos. Vitimados pelos outros, sem termos culpa da situação em que estamos ou pela qual passamos.

Se olharmos no dicionário e procurarmos a definição da palavra vítima, encontraremos: a) indivíduo imolado e oferecido em holocausto a alguma divindade; b) pessoa sacrificada às paixões e aos desejos de outros ou aos seus próprios; c) o sacrificado, o destruído; d) inculcar-se como vítima é armar-se à compaixão das outras pessoas.

Podemos perceber pelas definições que nos colocamos num lugar bastante deprimente, sem que tenhamos consciência de que somos responsáveis por tudo o que nos acontece.

Inconscientes do poder

Toda vítima é um irresponsável, não quer assumir nada. É um inconsciente do próprio poder. Não usa a força que tem e depois reclama do que lhe fizeram.

Não há vítimas. Cada um age de acordo com seu nível de consciência, seu grau evolutivo, seus interesses, suas prioridades. Cada um de nós, à sua maneira, faz a realidade à sua volta.

Todo o poder está em nossas mãos. Não está na vida casual, e, sim, na vida dentro de nós, na que geramos. Nós fazemos nossas experiências.

Daí que, inocentes ou não, as pessoas atraem para si suas próprias experiências.

Geramos nossa realidade com nossas atitudes. Já vimos anteriormente que, conforme nossas crenças e nossa consciência, criamos nossa realidade. Toda realidade é regida por programas que validamos ou não em nossa vida. O que acreditamos e damos valor se torna real. Assim, cada um de nós está onde se colocou.

A lei é: minha atitude rege minha realidade.

Vamos observar isso em nós, verificar se estamos mesmo onde nos colocamos. Vamos nos questionar:

— Como está minha vida afetiva? Eu creio na felicidade?

— Como está minha vida econômica? Eu creio na prosperidade para todos?

— Como está minha saúde? Por que será que fico doente?

— Como está minha vida no geral? Eu creio que uma vida boa seja possível?

— Que tipo de crença tenho nutrido? Eu creio que as coisas são fáceis ou difíceis?

Cremos mais no que pensamos do que no que sentimos e depois achamos ruim quando as coisas acontecem, mas não vemos que nossas crenças, nossos valores, nossas ideias nos colocaram onde estamos.

Vejamos: se sou uma pessoa que não se gosta muito, não se estima, não se valoriza, como posso atrair para mim o gostoso da vida? Se as coisas são sincrônicas, quando fico no "não me gosto", tudo aquilo de que gosto não vem para mim. É como somar dois mais dois. Tudo o que está dentro está fora.

Como tornar-se vítima

Quando não nos damos, as necessidades não somem, então, queremos que os outros supram essas necessidades. Assim, colocamo-nos nas mãos dos outros. A encrenca está aí, pois, sempre que nos colocamos nas mãos dos outros, nos tornamos vítimas.

Tornamo-nos vítimas porque damos ao outro nossa liberdade, nosso arbítrio, nosso poder de escolha. Fazendo ou não, o outro é do modo dele, mas não podemos nem reclamar, porque nossa atitude foi de omissão para conosco.

Ficamos dependentes de uma série de situações, pois não assumimos o bem que há em nós. Assim, tornamo-nos dependentes do amor dos filhos, da consideração do marido, do respeito dos colegas, do apoio dos amigos, da aceitação da sogra etc.

É engraçado que, quando eles não nos dão o que pedimos, usamos aquele joguinho fantástico de fazê-los se sentirem culpados por nos terem negado aquilo de que precisávamos.

Vamos observar nossas falas em algumas situações:

— Estou cheia de problemas, mas ninguém me entende!

— Ninguém consegue imaginar o que estou passando!

— Se ao menos vocês colaborassem um pouco...

— Faço tudo o que posso, mas vocês não reconhecem.

— As coisas estão muito confusas, mas ninguém me ajuda.

— Fiz o que pude, e olhe só o que recebi em troca!

Essas frases costumeiras e outras tantas que dizemos — pois, em matéria de nos lamentarmos, somos bastante criativos — mostram-nos o quanto estamos fora de nós, de nosso centro interior, com um referencial externo, centrados no outro, no emprego, nos familiares, no status, que passam a ser pedaços de nós mesmos, extensões de nossa pessoa, daí cobramos, cobramos, cobramos...

Cobramos! De vítimas que éramos, passamos a cobradores. Cobramos do outro o que não nos damos. Toda vítima é um cobrador. Toda vítima é um autoabandonado. E torna-se um cobrador porque vive na ilusão de que o outro pode suprir suas necessidades, tapar o buraco interno.

A vítima sempre acha que não tem força, que não tem condições, que não tem capacidade, que as coisas estão fora do seu alcance. Ela precisa dos outros para que façam as coisas para ela. É uma egoísta.

Na verdade, a vítima não atua com alma, com o seu melhor, não confia em si mesma. É uma acomodada, irresponsável, e não se assume.

A vítima não quer enfrentar a vida, não quer se expor, não quer dar de si, não quer errar, não quer sofrer, não quer!

Quer só ficar num canto, apertadinha, fechada, precisando, precisando, se dizendo carente. É manipuladora! É mimada! É orgulhosa!

Reações diante das vítimas

Vamos observar a reação que temos diante de uma vítima. Se entramos na dela, se nos sintonizamos com ela, nossa vítima interior faz ressonância, então, nós realmente a achamos uma coitada... Mas se olhamos para a pessoa e não para os problemas dela, sabemos que ela tem potencial e pode, se quiser, resolver a situação em que está.

Toda vítima aceita que existe coitado. Toda pessoa lúcida sabe, por experiência própria, que isso não existe, pois cada um faz seu destino.

Outra reação que temos diante da vítima é a de raiva. Ficamos com raiva daquela pessoa que não se ajuda, que fica só na dependência do outro. Dá um ódio ver o outro se abandonando, largando-se... Dá vontade de bater, chacoalhar para ver se o outro acorda.

Repare, por exemplo, em quando alguém chega nos pedindo uma esmola. Nós até damos, mas, ao mesmo tempo, nos questionamos por que aquela pessoa não procura um emprego. Nós trabalhamos e dedicamo-nos para conseguir o que temos. Por que ela não faz o mesmo?

E se caímos na besteira de sugerir que ela procure um trabalho, logo vemos a força que mora lá dentro sendo usada para nos xingar.

Há uma força interior sendo usada de maneira inadequada. Uma força que poderia estar sendo utilizada para a autossustentação está sendo usada para obter dó, que, quando não é alcançado, se transforma em revolta.

Notamos, então, que a vítima é um ser que se despreza, pois tira de si a oportunidade de crescer, trabalhando para ser um miserável, um dependente, um carente, e fazendo força para se pôr para baixo.

O mais engraçado disso é que nosso lado vítima sustenta a patota de vítimas que há por aí. Vejamos algumas frases que dizemos: "Deixe que eu faço isso para você"; "Perdoe ele. Coitado!"; "Deixe que ele vá. Ele quase não sai..."; "Não seja egoísta. Dê para ele..."; "Não fale assim, pois você o magoa"; "Isso não é sua culpa. Seus pais..."; "Também só podia ser assim. É filho de pais divorciados..."; "Não fale assim, pois ele é traumatizado..."; "Você precisa ser mais compreensiva. Ele está fazendo terapia..."; "Cuidado com o que você fala. Ele está muito doente e deprimido"; "Não disse nada para não magoá-lo".

Questão de crença

Vemos com isso que temos uma crença interior no vitimismo. Não aprendemos a usar nossa força a nosso favor. Muitas vezes, chamamos o que nos acontece de sorte ou azar, como se Deus e a Vida brincassem conosco. Jogou para cima, é êxito; caiu no chão, é fracasso. Como se fôssemos marionetes nas mãos do destino. Inconscientes de nosso poder interior, esquecemos que possuímos arbítrio e que a escolha é nossa.

Nossa vida é exatamente como cremos. A consciência estrutura a realidade. Somos 100% responsáveis por nós e por tudo o que nos acontece. Assim, acreditar em agressividade atrai brigas, assaltos, violência. Acreditar em desgraças atrai dramas, perdas, dores profundas. Crer em conflitos atrai preocupações, desavenças, problemas familiares.

Por outro lado, se creio no Universo, se sei olhar positivamente para as coisas, se confio em mim, se creio em facilidades, tenho dinheiro fácil, emprego, relacionamentos, felicidade, oportunidades.

Dê uma olhada agora para si. Como você tem se tratado ultimamente? Como tem trabalhado com suas coisas, seus sentimentos, suas vontades?

Tudo começa e termina em nós. O modo como nos tratamos é como os outros vão nos tratar. "A vida o trata como você se trata." É lei.

Sorte é empenho. Não existe conquista sem empenho. Se queremos uma musculatura rígida, corpo equilibrado, vamos para uma academia, praticamos os exercícios até obtermos o resultado esperado e depois ainda fazemos exercícios para mantermos o que conseguimos. Com nossas atitudes é a mesma coisa. Precisamos praticar.

Todos nós somos, ao menos em potencial, capazes, dignos, criativos e talentosos. Se quisermos que isso venha à tona, necessitamos praticar, exercitar.

Deus nos fez a todos com capacidade, lucidez, potencialidades, mas Ele respeita nossas decisões. Se queremos andar, Ele vai conosco. Se queremos parar, Ele para também. Deus é assim: respeita nosso arbítrio. Respeita o arbítrio que nos deu.

Se não queremos usar as aptidões que a vida nos deu, isso é um problema nosso, uma escolha, mas não podemos andar por aí, dando uma de vítimas, de desterrados da sorte.

Há duas parábolas contadas por Jesus — a Parábola dos Talentos e a do Semeador —, em que podemos ver com nitidez que, se não usamos os talentos de que dispomos, ficamos pobres de alma. Ou, se não acolhemos as oportunidades que nos são oferecidas, se ficamos com o coração endurecido, a escolha é responsabilidade nossa.

Todo caminho é caminho

Além disso, a vida, confiante em nossa trajetória, proporciona-nos a escolha porque sabe que, de uma maneira ou de outra, toda experiência é válida. Podemos aprender de maneira suave, com inteligência e bom senso, ou aprender com sofrimento e dor, mas a aprendizagem acontecerá de qualquer maneira. A vida sempre vence. A tomada de consciência é um processo sem volta.

Não há como se proteger nem do que se proteger; não há como fugir nem do que fugir. O progresso da alma, do espírito, é inexorável. Somos consciência em viagem pela vida.

A proteção

Por falar em proteção, como nós nos protegemos, não é mesmo? Chamamos essa proteção de amor, de consideração, mas, na realidade, é puro mimo. Formamos a instituição dos coitados, a pretexto de defesa, de necessidade de auxílio, de apoio, de colaboração.

Quando aparecem situações desafiadoras, que precisam ser enfrentadas, já nos lamentamos e entramos naquela de "pobre de mim", sem percebermos que são estímulos para o crescimento.

Muita proteção impede o crescimento. Observemos algumas relações em que se vê isso de maneira bem clara:

- Igreja x pobres – Em nome da caridade, dá-se as coisas, mas não se ensina a procurá-las, formando um círculo vicioso.
- Mães x filhos – Em nome do amor, cobre-se o filho de mimo, tornando-o um dependente, um desajustado, um ditador.
- Marido x mulher – Ele é o "faz-tudo", pois ela é uma princesinha sem capacidade até para trocar um pneu de carro.
- Governo x população – O paternalismo solapa as capacidades individuais, tornando as pessoas mimadas e dependentes.

As melhores frases do mundo são aquelas que proferimos para usar nossa capacidade de ir em frente: "Eu posso!"; "Deixe-me tentar!"; "Deixe que eu faço"; "Posso experimentar?"; "Se me der um tempo, eu aprendo!".

Será que você tem se olhado como uma pessoa capaz? Será que tem assumido suas aptidões? É bom olhar para não precisar dizer mais tarde: "Eu era feliz e não sabia". Ou você vai esperar tornar-se um aleijado para descobrir como era bom ter pernas? Não precisamos esperar que a vida nos tire as coisas para percebermos as riquezas que temos agora!

Responsabilidade

Toda a vida é feita para nos ajudar a nos desenvolver. O Universo inteiro contribui para que consigamos tudo o que pode ser conquistado. Todos nós somos perfeitos ("à imagem e semelhança do Pai") e todas as chances são nossas. Onde está a vítima, então?

A vida tem as cores com as quais a pintamos. Felicidade pessoal é conquista individual. O grande escape da posição de vitimado é assumir responsabilidade por si mesmo, cuidar-se, valorizar-se, respeitar-se.

Só podemos dar aquilo que possuímos. De um pé de batata não colheremos cenouras. Só podemos dar amor, compreensão, carinho, apoio, se soubermos nos dar tudo isso.

Se somos vítimas, pessoas autoabandonadas, como poderemos dar algo? Daremos o quê?

Cuidar bem de si é cuidar do mundo inteiro. Se estamos bem conosco, estamos bem com todos. Aí, não temos o mundo presente em nós, mas nossa presença no mundo.

Estar bem consigo mesmo é recuperar a dignidade, a liberdade, a individualidade, a unicidade. É deixar de ser vítima. É conquistar a si mesmo!

Deus faz por você, dentro de você e através de você.

Assumir-se é responsabilizar-se por si mesmo.

4
medo

Nada a temer
Senão o correr da luta
Nada a fazer
Senão esquecer o medo, medo
Abrir o peito à força,
numa procura,
fugir às armadilhas da mata escura
Longe se vai
sonhando demais
Mas onde se chega assim?
Vou descobrir o que me faz sentir
Eu, caçador de mim.

(Sergio Magrão e Luis Carlos Sá)

O que é o medo? O que, num estado de medo, realmente sentimos? Em que condições o sentimos?

O medo compreende uma fuga do perigo. A situação essencial é que existe uma condição ameaçadora à nossa pessoa, e o fato fundamental é que nos sentimos sem poder ou capacidade para dominar a ameaça. Sabe o que isso nos dá? Um profundo sentimento de impotência.

Temos necessidade de aprender a lidar com o medo para que nossa vida possa ter maior amplitude, uma dimensão mais universal, mais aberta.

O homem tem a organização como proteção. Qualquer coisa que quebre essa organização lhe provoca apreensão. Assim, o estranho, o novo, o desconhecido, a imprevisibilidade provocam-lhe medo.

É um estado perturbador, pois provoca uma agitação por dentro, uma angústia, uma ansiedade, que se traduzem no físico por meio de suores, dores de barriga, estômago enjoado, dores de cabeça, aceleração cardíaca, maior quantidade de adrenalina etc.

É a solicitação de um estado de alerta, liberando um estado energético que permanecerá no físico até ser metabolizado naturalmente. É um estado de prontidão que dura enquanto durar o perigo.

Às vezes, é uma força tão avassaladora que nos controla por inteiro. Perdemos a noção das coisas, nosso raciocínio não funciona, o corpo não nos obedece, e tomamos atitudes que jamais tomaríamos se o medo não estivesse presente.

Medo x precaução

Você pode estar se perguntando se medo não é uma coisa natural de sentirmos, afinal, todos têm medo.

Precisamos fazer aqui uma diferenciação entre medo e precaução (prudência), pois costumamos confundi-los e achar que são uma coisa só. Ou, se você entender melhor, farei uma diferenciação entre medo biológico (precaução) e medo psicológico.

A precaução é um estado de proteção que assumimos quando existe um perigo real e serve para a manutenção da vida. É algo instintivo e tem a ver com a preservação física. É um estado de fundamental importância para a sobrevivência, pois ativa nosso sistema de defesa quando precisamos dele.

É um estado que vem de nossa experiência, de nossa vivência. Assim, se vou atravessar uma rua, olho para os dois lados, verifico se nenhum veículo está vindo, para depois seguir meu trajeto. Se estou num lugar muito alto, em que o perigo de uma queda pode ser fatal, procuro verificar se existem alguns mecanismos que garantam minha segurança, como grades e parapeitos. Se construímos um prédio, colocamos saídas de emergência, escadas de incêndio, portas especiais etc.

Se estamos em um banco e escutamos gritaria e tiros, imediatamente, nós nos agachamos ou tentamos nos esconder, pois a possibilidade de estar acontecendo um assalto nos parece bastante concreta. O cérebro nos dá um alerta, nosso corpo reage, e, numa fração de segundo, estamos no chão.

O medo, porém, é um estado de proteção que tomamos quando cremos em nossas fantasias e serve para a preservação do ego. Tem a ver com nosso imaginário. A situação de perigo não diz respeito à preservação da vida, mas à proteção de nossa imagem, de nosso ideal de personalidade, de nossas ideias a nosso respeito.

Assim, ficamos com medo de darmos um fora, de sermos ridículos, de errarmos ao tomarmos uma atitude ou de não sermos capazes de tomá-la, de sermos gozados, humilhados, de não sermos compreendidos, de não sermos aceitos etc.

O medo é produto de nossa imaginação. Substituímos o sentir pelo imaginar e passamos a acreditar naquilo que imaginamos. Como temos o vício de pensar de maneira catastrófica, não nos conhecemos direito, não nos garantimos e vamos formando ao nosso redor uma série de proteções para que o mundo não nos atinja nem atinja nossos pontos fracos.

Desenvolvemos um mecanismo de defesa, de resistência, de proteção onde temos um ponto fraco. Qualquer coisa que ameace torná-lo evidente nos provoca uma sensação desagradável, uma sensação que não queremos e não gostamos de experimentar e que identificamos como medo.

A reação do corpo

Nosso corpo, porém, não sabe distinguir entre um perigo real e um imaginário. Ele reage da mesma maneira para ambos, isto é, se a sensação é de perigo, ele se prepara para fugir ou enfrentá-lo, não importando se a situação põe em perigo nossa vida ou nosso ego.

Assim é feita a solicitação de um estado de alerta. O nível de adrenalina aumenta no sangue, nossos sentidos ficam aguçados, nossa musculatura modifica-se, as glândulas funcionam de forma diferente, o sistema nervoso fica mais acelerado e o organismo inteiro prepara-se para enfrentar o medo ou fugir dele.

Esse estado energético permanece no organismo enquanto se fizer necessário e é o que chamamos de estado de prontidão. Após o perigo passar, o estado de prontidão vai sendo desativado.

Voltemos aos nossos exemplos anteriores para notarmos o que acontece com nosso corpo. No caso do banco, depois que a situação foi dominada, seja com os assaltantes indo embora ou sendo presos, ela teve um desfecho e o estado de alerta já não é mais útil.

Assim, o organismo como um todo vai voltando ao estado de funcionamento normal, metabolizando a adrenalina. Com isso, o batimento cardíaco volta ao normal, a tensão muscular começa a relaxar, os sentidos retornam ao estado de vigília, deixando o de hiperfunção e retomando o ponto de equilíbrio.

No outro caso, o medo que temos é de que nossa imagem seja afetada. Nosso organismo, contudo, não sabe que o perigo é só imaginado, que é produto de nossos pensamentos, e acaba mantendo o estado de alerta enquanto durar nossa crença na ameaça à nossa pessoa.

Se sou uma pessoa insegura, se dependo dos outros para me apoiar, se quero ter garantias de futuro, se me agarro a pessoas, cargos, ao dinheiro, à posição social etc., para manter-me mais na certeza das coisas, fico com medo de perdê-las, pois, se isso acontecer, como poderei viver?

Vivemos, então, em constante tensão, querendo segurar as coisas, apertando-nos, ficando vigilantes e atentos o tempo todo, querendo controlar tudo para que nada aconteça e tire nossos apoios.

É um estado de alerta constante, pois dura enquanto durarem nossas crenças. Chegamos com isso ao estresse, que é um estado proveniente de um excesso de defesa inútil.

O mecanismo do medo

Conhecer o mecanismo do medo é importante, porque nos ajuda a superar essa atitude mental.

Como identificar um medo e trabalhar com ele? Como saber que tipos de pensamento provocam isso em nós?

Para vivermos, precisamos gostar da vida e, para gostarmos da vida, temos de senti-la. O medo mostra-nos que tememos nossas sensações, que fazemos uma ideia errada de nós mesmos e de nossos sentimentos e que por esse motivo os reprimimos.

Temos impulsos de vida dentro de nós. Instintivamente, queremos viver, conhecer, ter prazer, dominar, ser, fazer, mas reprimimos essas forças, substituindo-as pelo que pensamos como deveriam ser. Trocamos o sentir e o fluir por pensar e agir dentro do que é considerado correto socialmente.

Os valores sociais, as ideias de certo e errado, a moral, o ideal de como deveríamos nos comportar na vida bloqueiam esses impulsos vitais, a energia vital. Em prol de preconceitos, recalcamos nossas energias básicas.

Recalcar é dizer "não seja assim". É fazer uma pressão para dentro, de modo que o que queria emergir seja empurrado para dentro, para o inconsciente. Como se aquilo que eu não vejo deixasse de existir.

Quando frustramos nossos impulsos vitais e os empurramos para dentro, eles voltam invertidos e refletem-se em nossa mente anímica, que é formada com nossas ilusões.

Uma vez que já temos condição de tomar consciência de algo e nos recusamos a trabalhar com ele, aquilo fica em nossa mente anímica, refletindo o que inconscientizamos.

Tudo que vai para o inconsciente volta invertido, refletindo um material que já poderia ter sido trabalhado e transcendido.

Medo, então, é o impulso vital recalcado, é a expressão de nossos recalques, é uma inversão.

A inversão

O que nasceu para ser o bem torna-se um mal, fica mórbido, doentio.

O material recalcado, que precisa ser retirado, aparece, então, como fantasia ameaçadora. Como uma sombra a nos acompanhar por onde vamos. Transforma-se em fantasmas interiores a nos assombrar nos corredores escuros da mente.

Fazemos tantas inversões quanto o número de núcleos rejeitivos que temos. Alguns desses núcleos são básicos e, como foram desenvolvidos durante um longo tempo, são bastante complexos e intrincados, formando uma rede de interdependência.

Os principais núcleos são os que dizem respeito à nossa audácia, à nossa vontade de saber, à nossa sexualidade, à nossa pessoa, à nossa capacidade.

Esses impulsos, quando invertidos, provocam-nos sensações de incapacidade, de impotência, de imperfeição, de inadequação.

A base do medo é fundamentalmente o "você é errado".

Vamos pegar, como exemplo, uma pessoa que achou que, se atuasse de seu modo, as coisas poderiam não sair adequadas ou que as pessoas poderiam não gostar do que ela tinha para oferecer ou ainda que poderiam criticá-la de alguma maneira.

Para se proteger de possíveis críticas e para proteger sua autoimagem negativa do que poderiam dizer a respeito do que ela faria, ela frustra seu impulso vital de realização, de atuação e acaba sentindo-se tremendamente inadequada. Passa a se esquivar das coisas e a temer cometer erros, tentar algo novo, arriscar-se, enfrentar pessoas e situações.

Quando nos restringimos, restringimos a vida em nós. Andamos como se estivéssemos semianestesiados, zumbis. Vivos, mas prisioneiros dos próprios preconceitos. Experimentando em nós mesmos uma sensação de desconforto interior, de pressão, de insatisfação, que são sintomas de desonestidade pessoal.

A projeção

Quando vimos os mecanismos de defesa, pudemos observar que eles são de muitos tipos e que fazemos uso deles dos mais diferentes modos.

A projeção foi um deles. Realizamos uma projeção quando nos recusamos a ver o ponto fraco em nós, mas facilmente o detectamos nos outros ou achamos que é o outro que nos faz ficar ou nos comportar de determinada maneira.

Usamos com o medo o mesmo mecanismo. Não admitimos que temos um sentimento de inadequação, então, projetamos nosso medo em outras coisas e dizemos que são elas, e não nós, as causadoras de tanta apreensão. Projetamos nas mais diferentes coisas ou situações, tentando justificar e explicar nossa neura. Assim, há pessoas que têm medo do escuro, outras têm medo de barata, de lugares muito cheios, de elevadores, de altura, de público, de festas, de cemitérios, de assombrações etc.

Se analisarmos com discernimento, com bom senso, veremos que nenhuma delas justifica por si só o medo que sente (ou você já foi ameaçado por uma barata empunhando uma Colt .45?), mas, como o medo não é racional, as explicações não têm sentido nem valor.

Escape

Para sairmos da situação de medo, para nos livrarmos dessa pressão sobre nós, temos de confrontar nossas ilusões, nossas crenças, a voz que nos ameaça e recuperar, retomar o contato com a fonte da vida que há em nós.

Você deve estar pensando: "Como se isso fosse fácil...". Não, confrontar a vaidade não é fácil, mas você pode optar por continuar morrendo de medo e sendo inseguro ou investigar que tipos de crença você tem alimentado e que o faz reprimir seus impulsos vitais, desviando-os e tornando-os ameaçadores para você.

Quando descobrimos quais as ideias que nos impedem de ser como somos, quando voltamos a entrar em contato com nosso entusiasmo, com a fonte energética presente em nosso interior, o medo acaba. Quando nos garantimos, ele perde a garantia.

Tomarmos consciência dessa qualidade central existente em nós, andar junto com nossas sensações, viver com a vida, sentir, escutar a alma, o centro orientador, a Vida, essa é a grande saída.

Trabalharmos mais com o que sentimos do que com o que pensamos. Firmarmo-nos em nós mesmos, permanecermos acima de nossas fraquezas é o primeiro passo.

Termos a certeza de que estamos sempre conosco, de que estamos sempre certos, de que somos bons e estamos no bem, pois só o bem é real. Não há nada mais forte que o amor por si mesmo.

Vamos mudar nossa atitude de defesa para uma atitude criativa. O modo como nos defendemos é a forma como criamos nossos problemas. Só se defende quem se considera fraco. Se aprendermos a nos manter firmes em nós mesmos, não precisaremos nos defender, de barreiras nem de recalques e, consequentemente, não precisaremos da dor e do sofrimento para nos mostrar o que não queremos ver, embora tenhamos maturidade para isso.

Ninguém foge da vida! Não há para onde ir. Facilitemos, então, o processo, não brigando com ele, mas compreendendo-o como algo natural em nós, como um mecanismo de aprendizagem, um desafio a ser transposto, algo mais a ser transcendido. Sempre podemos ir mais além...

5 amor

De tanto levar
frechada do teu olhar
Meu peito até
parece sabe o quê?
Tauba de tiro ao álvaro
Não tem mais
onde furá.

(Adoniran Barbosa)

O amor é aquilo que cria e sustenta a vida. É uma força criativa, estimulante, repleta de luz, plena, incomensurável... Tão imensa e grandiosa que só podemos avaliá-la num esforço de imaginação ou quando, em estado de completa impessoalidade, tocamos, por alguns momentos, a fonte desse fluxo.

Ele diz respeito àquela sensação de união com o Todo, quando nos percebemos originários da mesma fonte. É uma sensação de bem-aventurança, de plenitude, de certeza, de incondicionalidade.

No nível de desenvolvimento consciencial em que estamos, em nosso dia a dia, essa é uma coisa tão distante, tão abstrata, que não a entendemos. Podemos detectar alguns aspectos do amor por meio de seus atributos humanos, atributos estes que podemos captar.

Dizem que amor não se explica, se sente e se experiencia, mas, como somos muito confusos, como nos deixamos levar facilmente por nossa cabeça, colocando nosso sentir de lado, muitas vezes não sabemos se o que se passa em nós é verdadeiramente amor ou outra coisa qualquer.

Para estudar esse sentimento e entender como operamos com ele, fica mais fácil ir por eliminação, isto é, analisar determinadas ideias, observar nossas atitudes e tirar aquilo que ele não é.

O que não é amor

"Sem você, eu não vivo."

"Você é tudo para mim."

"Quem sou eu sem você?"

Essas são frases que costumamos achar muito românticas e que escutamos com enlevo ou dizemos como se estabelecêssemos veredictos.

Tornamos o outro o centro de nossa vida, vivemos da essência dele e do que ele é. Queremos que o outro nos ame, supra nossas necessidades e preencha o vazio de nossa existência.

Ele não pode estar longe pois já sentimos dor. Não pode passar por nada, pois passamos também. Todas as suas alegrias são as nossas, assim como todas as suas tristezas e preocupações.

Se o outro tem um problema, é como se nós tivéssemos, sentíssemos o que o outro sente, e exigimos que ele também sinta como nós.

Se a pessoa em questão não age como nós, não nos sentimos amados. Consideramos sua atitude fria, sem emoção, sem a demonstração de afeto que queremos e que achamos ser amor.

Essa é uma atitude típica de apego; não é amor.

Outras falas que temos são: "Este é meu marido"; "Você tem de ser minha"; "Você promete que nunca vai me deixar?"; "Quero você só para mim"; "Se eu pudesse, iria para uma ilha deserta com você".

É engraçado que, ao lermos essas frases, as achamos bobas e muitas delas nem dizemos mais, porém, a verdade é que, embora não as digamos, gostaríamos de escutá-las.

Todas elas se relacionam mais a um querer, como queremos um brinquedo novo, um vestido, um carro ou algo qualquer. É um querer possuir, ter, para nos sentirmos donos, proprietários, posseiros do coração alheio.

Usamos os pronomes possessivos (meu, minha), mostrando, inconscientemente, como encaramos o relacionamento. É como se tivéssemos adquirido um termo de propriedade, uma escritura definitiva, que diz que o outro será nosso para sempre.

Outras vezes, a pessoa quer passear, jogar futebol, ir a um *shopping*, mas precisa pedir licença ao outro para ver se ele permite ou não. A pessoa fica, então, na dependência do bom humor do outro, da caridade dele.

Em determinadas situações, o "grude" fica tão grande que só vamos a um lugar se o outro for. Ou, porque ele não foi conosco à casa de nossa mãe — o que nos impediu de ir, pois não queríamos aparecer lá sozinhas —, também não iremos à casa daquele amigo que há tanto tempo ele não vê.

Queremos o outro porque não temos a nós mesmos. Não tomamos posse de nós e nos abandonamos. Para que o outro não faça conosco a mesma coisa que já fizemos, aprisionamos, prendemos, tomamos posse.

As pessoas estão por aí para que convivamos com elas, não para que as enjaulemos, colocando-lhes algemas e dizendo-as nossas. Isso não é amor.

Amor é diferente de posse. Amor é diferente de prisão.

Muitas vezes, temos um sentimento cheio de expectativas, de cobranças, limites, condições... É como se colocássemos um imenso SE na frente de tudo. Temos pensamentos do tipo: Só amo você se...

- for bonito;
- for educado;
- fizer o que eu quero;
- fechar os olhos para meus defeitos;
- nunca me criticar;
- levantar meu astral;
- me der segurança;
- me compreender por inteiro.

Podemos fazer uma lista imensa de condições, de exigências, de coisas que esperamos que o outro faça para que possamos amá-lo.

Essa lista repleta de expectativas pode ser boa para quem quer preencher uma ficha de emprego, mas não para quem está disposto a amar.

Amor é diferente de condição

Vemos nos filmes, nas novelas e nos livros "histórias de amor" em que os personagens sofrem durante um tempão, passam por todas as desditas, se encontram e se desencontram, até que, no final, vivem felizes para sempre. E quando esse final não acontece com a partida de um deles, a desistência ou a morte aparecem, ficamos muito bravos, pois a história não atendeu às nossas ilusões.

Nas músicas mais populares, do samba ao rock, quase sempre é cantado um amor desesperado, sofrido, dolorido. Se escutarmos os boleros, então, haja lenço!

São situações deformadas, irreais, muitas vezes incoerentes e sem sentido. Elas nos mostram que amar é sofrer ou ainda que, se queremos um grande amor na vida, precisamos primeiro sofrer bastante para depois merecê-lo.

Isso nos confunde tanto que, se estamos num relacionamento prazeroso, sem grandes sofrimentos, ficamos em dúvida se realmente o que sentimos é amor.

Quando o “amor” machuca, aperta, contrai, dói, é de matar, não é amor; é um instrumento de tortura medieval.

Isso é drama, e drama não é amor.

Uma amiga me disse uma vez que havia conhecido um homem espetacular. Igual a ele não havia ninguém no mundo. Ele tinha olhos maravilhosos, uma boca sensualíssima, um corpo certinho, era cheio de charme e elegância, e sua maior qualidade era saber falar em público com a tranquilidade e o domínio que ninguém do mundo tinha.

Ela estava realmente apaixonada por ele. Era paixão pura! Iludida, parecia estar obsidiada. Tudo era ele... Mas minha amiga sofria. Imagine que ele daria atenção para ela, uma simples secretária de diretoria.

Um dia, acabaram almoçando juntos num congresso da firma, e ele convidou-a para sair. Muitas e muitas saídas depois, o relacionamento andava, mas ela sofria. Imagine se ele a deixasse, o que seria dela se alguma coisa desse errado... Na tentativa de segurá-lo e de não perdê-lo, ela fez de tudo para deixá-lo feliz e satisfeito, passando, muitas vezes, por cima de si mesma para que ele não ficasse chateado.

Um dia, porém, ele deixou-a, dizendo-lhe que não a merecia, que ela era boa demais para ele... Ela sofreu. Sofreu muito...

Passado algum tempo, ele foi transferido para uma filial no Nordeste, e ela precisou, por força das circunstâncias, cobrir seu serviço. Viu-se, então, obrigada a falar para um grande número de pessoas num anfiteatro onde se realizava uma convenção de vendedores.

Ao subir ao palco, ela estava bastante nervosa e apreensiva, mas, conforme desenvolvia sua análise, mais segurança ia adquirindo, chegando a ponto de deixar as pautas de lado e falar de improviso. Foi muito aplaudida, elogiada por seus diretores e colegas de trabalho.

Quando saiu do trabalho, foi me procurar e disse: "Estou curada. Quando me vi falando em público, quando senti que possuía algo que eu tanto admirava nele, compreendi que gostava de mim nele".

Isso eu chamo de grande sacada! Sim, ela estava certa. A paixão é isto: uma grande projeção. O que eu tenho de bom e não vejo eu projeto no outro e vejo essas qualidades no outro. Faço um deslocamento mental.

Saio de meu centro e vivo do seu. Gosto de mim em você.

Paixão é uma ilusão dolorosa. Dói antes, durante e depois. Antes, no desejo que temos de ter; durante, na luta que travamos para não perder; e depois porque acabou.

Paixão sempre acaba em frustração, dor de cotovelo, decepção etc. Dizemos coisas como: "Eu estava de bobeira"; "Não era o que eu pensava"; "Fiquei decepcionada".

Quando tiramos as ilusões e enfrentamos a verdade, a paixão acaba. Introjetamos, reconhecendo em nós o que víamos no outro.

Paixão, então, é um mecanismo de projeção; paixão não é amor.

O que é amar

Pudemos eliminar de nossa cabeça algumas ideias distorcidas que tínhamos sobre o amor. Se não é apego, posse, prisão, condição, drama, paixão, o que sobrou? O que é amar?

O amor é vida em todos os seus aspectos; é uma via de acesso à alma. Quando amamos, tocamos a essência das coisas.

O amor tem a força da união sem dissolução. Ele une, mas não mescla. Temos uma velha ideia de que, no amor, 1 + 1 = 1. Mas, assim como na matemática, 1 + 1 = 2 na aritmética afetiva. Há união, mas a integridade de cada um é mantida; não há anulação. É força dinâmica e palpável, que tem por trás de si a fé na vida. É experiência de ser.

Cada um de nós tem sua maneira de senti-lo, expressá-lo, defini-lo. Você se lembra de *Amar é...*, aquele álbum de figurinhas que as meninas adoravam colecionar? Para cada figurinha havia uma definição de amor.

Poetas, músicos, cantores, escritores, enfim, todos nós temos um jeito especial para conceituar esse sentimento. Uns com mais beleza nas palavras que usam, outros com mais simplicidade, mas todos, de uma maneira ou de outra, conseguem percebê-lo e falar sobre ele.

Todas as definições de amor mudam constantemente, pois, à medida que aumentamos nosso grau de consciência, nosso grau de maturidade, aumentamos também nossa capacidade de sentir e dar essa energia e a definimos segundo esse grau.

Cada pessoa expressa o amor de um modo particular e exclusivo, o que nos impede de generalizar algo tão específico a cada indivíduo.

Sendo a expressão mais básica da vida, é a maior expressão do ser humano. É de onde viemos, é onde vivemos, é para onde estamos voltando e é de onde nunca saímos.

Sendo fonte de vida, torna a todos iguais, ao mesmo tempo que nos individualiza em sua expressão.

Amar é ter a coragem de viver na própria fonte da vida.

É algo para ser experienciado.

É uma sensação vinda diretamente da alma.

A chave para amar

Amar... Quanto sonhamos com um grande amor? Quanto gostaríamos de poder amar realmente? Você não gostaria de saber amar a todos e de ter capacidade de ser um imenso coração?

Amar... Amor... Saber amar... Sentir isso em nós... plenamente... Amar sempre e cada vez mais... Como? Isso só funcionará se abrirmos mão das normas mentais que nos aprisionam e paralisam. Que normas nos impedem de amar verdadeiramente? O que precisamos deixar? Precisamos abandonar os "tem de", os "deve", os preconceitos, os "eu acho que", os "não fica bem". Precisamos experimentar para conhecer.

A grande chave para amar é a atitude mental. É ter um padrão de pensamento coerente com nossa vontade de amar. Pensar bem, pensar positivo, pensar com boa vontade. Trabalhar com nosso melhor.

No que acreditamos? No prazer ou na dor? Vamos observar a frequência de nossos pensamentos. Será que eles não estão cheios de culpa, orgulho, agressividade e de bondade falsa?

A vida nos trata de acordo com nossa verdade, com nossas crenças. No que será que temos acreditado? Faça essa reflexão:

Será que acredito mesmo que posso ser amado?

O que observo nos relacionamentos de hoje? A que conclusões eu chego?

Será que mereço o amor? Como?

O que penso dele?

Será que realmente amo alguém? Quem? Por quê?

Será que meu amor resiste a tudo?

Que tipo de crença tenho alimentado a esse respeito?

Além de pessoas, o que mais eu amo?

Ao responder sinceramente a essas questões, detectamos os pontos positivos ou negativos que fizeram de nossa vida amorosa o que ela é hoje.

Se a vida não está legal é porque o que estamos pensando não é o nosso melhor. Provavelmente, temos alimentado pensamentos contra os anseios de nossa alma e vivido mais de ideias do que de sentimentos. Mas podemos mudar o modo de pensar e, consequentemente, nos dar a chance de sentir. Quando encararmos a realidade à nossa volta de maneira diferente, ela será outra.

Felicidade depende de atitude. Felicidade depende da convicção no bem. Felicidade depende de como pensamos. Felicidade é escolha. É responsabilidade nossa!

Amor x respeito

Respeito é um direito básico de qualquer ser vivo. É um direito legitimado pela própria vida. É da essência da vida a propriedade de ser livre, ser exclusivo e ser por esse motivo considerado.

Todos nós precisamos de consideração, isto é, precisamos ser respeitados em nosso espaço. O que é respeitar o espaço alheio? É ser educado? É seguir as regras de boa conduta? Não, não existem regras. Respeitar o espaço alheio é ter sensibilidade para perceber os limites que o outro determinou.

Cada pessoa é diferente e, para cada uma, nossa ação tem de ser dirigida de maneira diferente, única.

A sensibilidade substitui as regras de educação, as normas externas e as normas internas. Ela tem um componente importantíssimo que se chama consideração. Quando temos consideração pelas pessoas, nossa ação é repleta de dignidade, de *finesse*. Sabemos observar, discernir, ponderar, para depois agir.

Estou comentando isso porque, muitas vezes, por não amarmos o outro, deixamos de ter por ele consideração e respeito, ou, ao contrário, por amarmos, nos achamos no direito de invadir seus domínios.

Entre o amor que temos, a capacidade de sentir e o respeito, respeito é mais importante.

Quantas e quantas vezes vemos relacionamentos em que ambos juram o amor que sentem, mas são promíscuos em seus sentimentos? Um entrando no outro, vivendo a vida do outro, sem a menor deferência àquele ser humano com quem compartilha sua vida?

Há algumas pessoas das quais não gostamos nem somos obrigados a gostar. Embora nosso afeto não lhes seja dedicado, elas merecem nosso respeito, nosso apreço, como ser humano que são. Você tolera que algumas pessoas não gostem de você, mas não admite falta de respeito, não é?

Quando soubermos amar incondicionalmente, respeito e amor serão uma coisa só, mas, enquanto não atingimos esse nível de lucidez, precisamos nos educar, de modo que possamos tratar os outros com a devida consideração. Se deixarmos que nossa sensibilidade fale mais alto, saberemos como fazê-lo.

Aprendendo a amar

Amor se aprende (ou se desaprende, se é que isso é possível) com as pessoas com quem convivemos. A família, a escola, os amigos, os parentes, a sociedade são nossos professores de amor.

É nos relacionamentos sociais, nas trocas inter-humanas, que aprendemos a nos doar, a dar de nós, a dedicar ao outro o que há em nós em termos de possibilidades.

Nos campos potenciais da vida, o amor já existe como algo a ser trabalhado, experimentado, vivido, mas é como se fosse uma semente, um germe. Ele deve ser plantado, regado, cuidado, para se tornar firme, forte e vigoroso.

Precisamos conhecê-lo, trazendo-o à luz da consciência e tomando ciência de sua existência. A vida auxilia-nos nesse processo, proporcionando-nos experiências de modo a facilitar que essa capacidade latente se torne presente.

Conforme nosso grau de consciência e de acordo com nosso grau evolutivo, essa capacidade vai ser expressada, vivida. Chegaremos a amar com uma profundidade tal que tocaremos o âmago das coisas. Um transbordamento da alma, um sentir-se tudo e em tudo. Chegaremos ao amor cósmico, mas até lá vamos treinando e praticando de acordo com o que podemos.

Crenças que atrapalham o amor

A vida nos trata de acordo com nossas crenças. Conforme acreditamos, a realidade se faz à nossa volta. A atitude É. Não é questão de causa e efeito; é um imenso e poderoso É. Tudo na vida funciona conforme eu funciono. Já dissemos que num mundo interligado não existe separação entre dentro e fora: tudo é, ao mesmo tempo.

Não existe ação e reação. Se você mantém, fica; se não mantém, vai. Tudo aquilo em que você põe fé permanece; se você tira a crença, tudo se desvanece.

Assim, vamos analisar algumas ideias que temos a respeito do amor e que, por serem sustentadas por nossas crenças, nos atrapalham a vivê-lo de maneira satisfatória.

Idealizamos o amor como um sonho em que as coisas vão acontecendo de um modo fantasioso, irreal, repleto de situações de contos de fada. Amor à maneira Romeu e Julieta, cheio de poesia, mas sustentado por nossa capacidade de imaginar e não por nossa capacidade de sentir.

Quando ficamos no sonho do amor, perdemos o senso das coisas, deixamos nossa alma de lado e vamos atrás de nossas ilusões. Fechamos os olhos para a vida e, quando os abrimos, estamos sós e decepcionados com nossos sonhos.

Há pessoas que sempre se acham vítimas de amor errado. Dizem que se apaixonam invariavelmente pela pessoa errada. Na realidade, o que ocorre é uma outra nuance do sonho de amor. Estabelecemos um modelo ideal, um protótipo perfeito de gente para merecer nosso amor, e tentamos de várias maneiras fazer o outro se encaixar nessa imagem.

Acabamos apaixonados pela imagem que construímos e não pelo ser humano que existe ali.

Nós nos enganamos para poder sentir que amamos, mas não há quem aguente sustentar as fantasias do outro. Acabamos nos desiludindo e nos colocando como vítimas do amor, sem termos consciência de que fomos nós que distorcemos a coisa para que ela servisse às nossas ilusões.

Quem ama suporta qualquer coisa em nome do que sente. Será verdadeiro? Verifiquemos isso em nossa vida:

Será que aguentamos falta de consideração e respeito para conosco?

Será que se o outro nos maltratar psicológica ou fisicamente, suportaremos tudo calados porque amamos?

Será que podemos arcar com a pressão de um ciúme absurdo, um apego desesperado ou, ainda, uma paixão avassaladora?

Tudo tem limites. No grau de consciência de cada um, há uma noção de limite. Uns com fronteiras bem delimitadas, outros com uma divisa mais elástica, mas todos nós temos um teto. Por mais que possamos amar o outro, chegamos até o ponto que, dependendo do que ele fizer, isso terá para nós o efeito de um basta.

Para amar o outro, precisamos nos amar primeiro. Só podemos dar aquilo que temos. Ninguém dá o que não tem. Assim, por mais que eu ame o outro, amo a mim também. Não abuse, pois meu amor não é elástico.

Pessoas insatisfeitas consigo mesmas buscam encontrar no outro um terapeuta particular e querem ser totalmente compreendidas, aceitas. O outro passa a ser um depósito de dramas, traumas, insatisfações, preconceitos, de tralhas mal-resolvidas, de problemas com a família, com o emprego. Creem que o amor serve para tapar buracos pessoais, cobrir o autoabandono, solucionar dificuldades, aumentar a autoestima, melhorar o nível de autoaceitação.

Mas, como comentamos anteriormente, há limites para as coisas. Quem de nós suporta viver como se fosse um muro de lamentações, em que o outro desfia seu rosário de neuras?

Podemos compartilhar nossas dúvidas, discutir nossas dificuldades, mas o trabalho com nossos conflitos é somente nosso. Ninguém resolve o problema de ninguém, ninguém salva ninguém. Podemos auxiliar, ser facilitadores, mas nunca resolver, pois isso só depende da força interior de cada um.

Algumas pessoas têm medo de amar pelo perigo que amar representa para elas. Suas crenças são tais que o amor é algo que aprisiona, impede, escraviza, delimita, cerceia. O amor passa a ser algo ameaçador à integridade pessoal, à dignidade de ser o que é. As ideias são de constrangimento, em que o amor é um sentimento castrador e despersonificador.

Elas tiveram contato com pessoas que perderam a identidade ao se submeterem a outras e que perderam a liberdade de serem o que eram, pois dependiam da aprovação do outro ou de situações tortuosas pelas quais passaram na vida em nome do amor.

Essas pessoas não são capazes de observar que essas situações tão constrangedoras ocorreram não por causa do amor, mas pela falta dele. Quem se ama de verdade não se constrange, não se vitimiza, não se perde de si. Quem ama alguém de verdade não aprisiona nem cerceia. Amor é amplidão.

O medo aumenta quando se crê no amor como um modo de controle e de domínio, em que o outro, por amar alguém, se submete a esse alguém, esquecendo-se de existir para si mesmo.

Durante a vida, viram experiências desanimadoras e generalizaram. Assim, se a mãe envelheceu à beira do fogão, sem vida, sem vontade própria, associaram isso ao casamento e ao amor que ela dedicou ao marido e que nunca foi valorizado. Presenciaram alguém que se desestruturou diante de uma separação ou perda e não suportam a ideia de passar pelo mesmo processo.

Ou podem ter sofrido num relacionamento, do qual saíram desestabilizados ou com mágoas, com ressentimentos, desesperançados da vida e de tudo o que se relacionasse ao amor, ao amar.

Essas pessoas têm, então, a ideia de amor como algo que tira a dignidade do outro. É uma visão confusa, proveniente de uma má interpretação dos fatos presenciados ou vividos.

Há posicionamentos contrários a esses, embora também repletos de ilusão. São aqueles que acreditam que, ao encontrarem uma companhia, encontrarem alguém, resolverão todos os seus problemas pessoais, da solidão em que vivem até problemas financeiros, de status social.

Não percebem, contudo, que seus problemas advêm de atitudes de autoabandono, autodesvalorização, vaidade e orgulho. De estados espirituais conturbados, que requerem um olhar mais aprofundado para si mesmos e não a busca de soluções fora do âmbito da própria alma.

A maior das crenças e que embasa todas as outras é a de que é difícil lidar com o amor, que ele é complicado, intrincado, com mil faces a serem dribladas. É algo que necessita de muita astúcia e muito jogo de cintura para ser trabalhado. Que exige de nós ardis, fingimentos, imaginação, para que possamos dominá-lo e com ele conviver.

Nós somos seres complicados, pois deixamos que nossa cabeça cale a voz de nossa alma. Não nos escutamos, afastamo-nos de nós mesmos, deixamo-nos para segundo plano. Seguimos nossa cabeça e todas as normas mentais que nela residem. Seguimos a opinião dos outros, a sociedade, a cultura. Ouvimos tudo e todos, menos a voz da verdade interior. Complicamos, inclusive, porque tudo que é difícil é mais valorizado. Queremos ser heróis, pessoas que lutaram muito e merecem toda a felicidade do mundo porque já pagaram por ela.

Notamos, então, quão distorcida é a nossa visão de amor. Nossas ideias, nossos valores, nossas crenças sendo materializados na realidade à nossa volta. Por mantermos inalterados determinados padrões de pensamento, tornamos difícil fora o que já é difícil dentro.

Para sairmos desse círculo vicioso, é necessário que façamos uma higiene mental, uma limpeza em nossos padrões negativos de pensamento.

Observar os fatos com discernimento e bom senso. Experimentar trocar, isto é, mudar algo para ver se funciona. Crer na vida e em suas infinitas possibilidades de felicidade. O destino do homem é a felicidade, mas ela não é uma coisa para ser conquistada com luta ou sofrimento, ou ainda como algo para depois de nossa morte. Felicidade é atitude de bem.

O presente é o único tempo possível. Podemos ser felizes agora, basta que optemos por isso. A escolha é nossa.

6

autoamor

Minha cabeça só pensa
Aquilo que ela aprendeu
Por isso mesmo, eu não confio nela
Eu sou mais eu.

(Raul Seixas)

Falar em autoamor para nós, brasileiros, é uma tarefa pouco fácil, pois logo confundimos com mimo. Já achamos que isso se refere a fazer tudo o queremos, a tomar atitudes voluntariosas, a colocar-se no centro do mundo para que os outros nos atendam em nossas aspirações, é "ficar numa boa", não importando mais nada. É centrar-se no próprio umbigo e só ter olhos para nós mesmos e para nossas fantasias.

Assim como fizemos com a noção de amor, vamos tirar de nossa cabeça algumas ideias errôneas a respeito de amor por nós mesmos, para ficarmos apenas com os verdadeiros componentes do autoamor.

O que o autoamor não é

Muitas vezes, deixamos passar coisas, situações, não nos envolvemos, não reclamamos, para nos preservarmos de tomar atitudes que poderiam nos comprometer ou que poderiam requerer de nós um esforço de decisão que não estamos a fim de assumir.

Agimos contra nós e achamos que estamos nos protegendo. Assim, deixamos muitas vezes de fazer algo de que gostamos para que ninguém nos considere ridículos.

Se fazemos regime, por exemplo, e alguém nos oferece um doce, logo justificamos nossa atitude de pegá-lo como uma atitude de bondade para conosco, afinal, não precisamos ser nossos algozes. Na realidade, não temos disciplina interior para manter o que é bom para nós.

Não lidamos direito com as palavras sim e não. Parece que nunca as dizemos na hora certa. Há uma negligência, um tudo pode, que, em nome do pacifismo, nos leva ao comodismo. Quantas vezes você não disse sim querendo dizer não? Quantas vezes, para não deixar o outro magoado, você se magoou? A intenção era de ter um espaço de paz para viver, mas você ficou em paz?

Deixamos de exigir direitos e de cumprir deveres. Tornamo-nos vítimas de nós mesmos e de nossa própria indulgência. Sem consciência de nosso poder interior, largamo-nos, deixando as coisas ficarem como estão, para ver como ficarão depois.

Em nome de nossa vaidade, nós nos torturamos com regras, com normas, tornamo-nos moralmente certinhos, corretos, perfeitos, nunca podemos dar uma escorregada, cometer uma falha, pois "gostamos de nós". No entanto, não nos permitimos ser somente o que somos, pois temos um ideal que tem de ser cumprido. Queremos, por "amor a nós", fabricar um ideal nosso. Em vez de conquistarmos o que somos, vamos atrás do sonho do que deveríamos ser. Você não tem aquela mania de melhorar, tem?

Há uma poesia de Fernando Pessoa na qual ele fala sobre pessoas que têm a retidão mantida pelo orgulho. Chama-se "Poema em linha reta":

Toda a gente que eu conheço e que fala comigo
Nunca teve um ato ridículo, nunca sofreu enxovalho,
Nunca foi senão príncipe — todos eles príncipes — na vida...
Quem me dera ouvir de alguém a voz humana
Que confessasse não um pecado, mas uma infâmia;
Que contasse não uma violência, mas uma covardia!
Não, são todos o Ideal, se os ouço e me falam.
Quem há neste largo mundo que me confesse que uma vez foi vil?
Ó príncipes, meus irmãos,
Arre, estou farto de semideuses!
Onde é que há gente no mundo?
Então sou só eu que é vil e errôneo nesta terra?

Em vez de autoamor, temos a autotortura, que, em nome do que requer a imagem, calamos o humano em nós para sermos somente a máscara.

O vitimismo é outro dos aspectos do mimo. Como também já vimos anteriormente, a pessoa, inconsciente de sua capacidade de ser ela mesma, coloca-se nas mãos dos outros, passa a ser um dependente e a exigir que o mundo faça para ela o que ela não tem forças para fazer.

Quando as coisas não dão certo, quase morre de dó de si mesma, entra na história da coitada, da lesada. É um estado depressivo, pobre. A crença na pobreza da vida a leva a se proteger, a não atuar, a não assumir.

Noventa e cinco por cento de nossas defesas psicológicas são gastas na defesa de nosso orgulho. Um estado de consciência em que a ilusão domina. Em vez de nos amarmos, queremos nos orgulhar de nós mesmos. Permitimos que nossa cabeça domine nossa vida. Cristalizados em pensamentos preconceituosos, em que a moralidade domina, embutimos o ser humano que mora em nós, tentando disfarçar a vaidade e proteger o ego, cegos de nós mesmos. Vendemos a alma ao diabo para ganharmos dos outros o amor que negamos a nós.

Componentes do autoamor

No amor por si há elementos preciosos, que se interligam num complexo sistema de integridade e inteireza que podemos chamar de dignidade humana. Há um estado de coesão interior, de autoposse, no qual tudo é, porque eu sou.

Vamos observar mais detalhadamente esses elementos que o autoamor contém. Ao mesmo tempo, você pode se questionar se os nutre em si:

Autorrespeito: diz-nos sobre respeitar nossa essência. Entender que o que sentimos é indiscutível, pois os sentimentos são individualizados, são fruto de uma interpretação única, de uma experiência pessoal.

Fala-nos sobre o reconhecimento da verdade de cada um, dos limites pessoais, do nível de consciência alcançado, do que foi vivido, do que foi experienciado.

Será que você realmente se aceita como é?

Será que você se conduz positivamente?

Será que você se olha com boa vontade?

O melhor está sempre em nós. Dentro de nossa unicidade mora nossa contribuição para o mundo.

Autoapreciação: ser o que é, sem pretensão de ser melhor, de ser mais, de ser diferente. Olhar-se com consideração. Ninguém é mais do que eu. Todas as vezes que achamos que alguém é mais importante do que nós é porque não nos damos importância. Não nos importamos conosco.

Autoapreciar-se é gostar de si mesmo, é olhar-se com a devida atenção. Somos o que podemos ser a cada momento. Somos o que podemos e não o que queremos. O que posso ser é apenas ser. O que pretendo ser é coisa de minha cabeça vaidosa, que exige de mim um modelo de ser humano competente.

Você consegue olhar para si sem se criticar?

Aceita seus erros sem se inferiorizar?

Aplaude seus êxitos, sem necessidade de se vangloriar deles?

Sente-se bem consigo em todos os lugares para onde vai?

Autorreconhecimento: é sentir os próprios valores como aceitáveis e naturais. Nada é errado em nós. Tudo é como a Natureza permite que seja. Quando nos reconhecemos como seres humanos, vemo-nos com olhos mais compreensivos, aceitamo-nos, apoiamo-nos.

Entendemos que nossas experiências são oportunidades de aprendizagem e de ampliação de nossa consciência.

Sentimos que podemos porque acreditamos que podemos, e não porque alguém assim o disse.

Será que você mantém isso em si ou ainda quer que os outros lhe falem de seu valor?

Após um trabalho que executa, você quer seu aplauso ou o aplauso do chefe?

Se alguém lhe disser que não gosta de seu trabalho, como você reagirá?

Como você trabalha o elogio e a crítica?

Autoaprovação: é aceitar a própria quantidade. É reconhecer e aprovar seus limites e suas capacidades. Ser fiel a si mesmo: o que dá, dá; e o que não dá, não dá. Sem romper consigo em nome de ser além do que pode ser.

Seguir o que a alma sente e não as cobranças externas ou as normas mentais. É não se deixar pressionar por tabelas de "mais que" ou de "menos que".

Valemos porque assim o afirmamos. O amor-próprio não pode ser avaliado pelos outros.

Quanto de você ainda precisa de aprovação alheia?

Você pode colocar uma roupa sem pedir a opinião do outro?

Sabe tomar atitudes sem necessitar que os outros digam que você está certo?

Autoestima: é saber apreciar-se, avaliar-se, computar-se com discernimento e não com julgamento. É buscar o bem em si mesmo, na certeza da própria certeza interior. É pensar positivamente, consciente de que para tudo há uma razão. É olhar-se com naturalidade, observar-se para crescer e não para criticar ou ufanar. É estar bem consigo mesmo. É ter prazer de ser.

Como é ficar sozinho em casa durante um fim de semana inteiro?

Qual é o tamanho de sua necessidade de ser amado?

Você se deixa perturbar por qualquer coisa?

As pessoas o invadem com facilidade?

Autovalorização: é ter consideração positiva de suas sensações. O que sentimos é indiscutível, pois só nós sentimos. Somos os únicos donos de nossos sentimentos. Valorizarmos o que sentimos é dar crédito ao que se passa em nós. É escutar a alma, pois ela fala conosco por intermédio das sensações.

O Deus interior comunica-se conosco pelas sensações (Deus como experiência). Viver e perceber apenas por si. Recuperar a confiança no sentir para ter a Natureza como guia. Recuperar a confiança nos guias internos é ter o sentir como referencial de comportamento.

Quando pergunto para o outro, fico fraco, mas, quando pergunto para mim, fico forte, pois demonstro confiança em mim mesmo. A verdadeira dialética encontra-se no íntimo da pessoa.

Quantas vezes você pergunta aos outros se aquilo que está sentindo é normal?

Quantas vezes você pergunta se o que sente é certo?

Você é daquelas pessoas que acham estranho o fato de eu não sentir igual a você?

Autodomínio: é viver de si, de sua própria essência, sem depender de ninguém. Ser feliz porque assim optou e não porque alguém proporcionou. É ter disciplina, saber conduzir-se, autodirigir-se. É tomar posse de si e responsabilizar-se pelo que se passa no âmbito de si mesmo e da realidade que cria. É viver emancipadamente, fazendo as próprias escolhas e arcando com elas.

Pertencer a si mesmo e gerenciar-se na vida é viver sem queixas, sem mau humor, sem desonestidade, sem medo e sem censura.

É manter-se com saúde, com um alto nível de energia e de vida.

Tem tudo, porque tem a si mesmo.

Será que você ainda se sente perdido de si?

Ainda tem necessidade do apoio do outro?

Quanto de sua alma você procura na alma alheia?

Viver de si mesmo

Autoamor é conquistar-se, é espiritualizar-se, isto é, viver do espírito, da fonte, da alma. É emanar da própria fonte. Amar-se é tornar-se seu próprio mentor e fazer de seu mundo interior um espaço de paz.

Felicidade é possível quando cremos que é possível. Nós, e apenas nós, podemos decidir nosso destino.

Se assumirmos a responsabilidade por nós e por nossas escolhas, se não esperarmos algo de ninguém, se realmente tomarmos a postura de seguir em frente, na aventura da autodescoberta, todas as portas se abrirão, pois as chaves estarão em nossas mãos.

A vida nos dá o que damos para nós mesmos. Todos nós gostamos de carinho, afeto, consideração, respeito, mas primeiro devemos receber tudo isso de nós mesmos, pois os outros entram em nossa sintonia e repetem o que emanamos.

Viver centrado, situado, pronto para tudo e, ao mesmo tempo, pronto para nada: tudo está como deve estar. Ser por sentir prazer de ser. Ser apenas o que podemos e o que sabemos, na humildade do reconhecimento de nós mesmos, de nossa verdade, na simplicidade da postura de aprendiz, na força da própria unicidade.

Tratemo-nos como seres humanos, não como homens, mulheres, médicos, professores, judeus, negros, nisseis, pobres etc. Deixemos de lado todos os rótulos, todos os títulos, todas as marcas.

Façamos aquilo que nos traga prazer e bem-estar. Sejamos responsáveis por nossa felicidade.

Geramos nossa vida com nosso pensar. Vamos olhar para dentro e atuar. Vamos ter coragem de pensar diferente para termos uma vida renovada por novos valores, novas perspectivas. Vida renovada é Deus renovado. O poder é de cada um de nós. Vamos usá-lo!

Ficaremos conosco pela eternidade, então, tornemo-nos uma companhia gostosa, uma presença agradável.

Não esperemos que algo milagroso aconteça ou que aprendamos tudo para depois nos gostar. Atitudes são sempre no presente. Gostemos de nós como somos. Amar é sempre algo aqui e agora. Vamos fluir, viver.

Força, luz, divindade, presença, todo nosso ser sendo a emanação, a expressão de algo além de nós mesmos. O Universo fazendo-se presente em cada um de nós e em todos nós. Nossa individualidade e nossa igualdade num único e monumental mistério: o mistério de ser.

O autoamor abre as portas para a consciência plena, pois nos faz entrar em sintonia com a Natureza, na qual tudo é vida, movimento, mudança, fluidez e expansão. É estar na frequência de seu grau evolutivo e vivê-lo com plenitude e prazer, construindo o progresso pessoal, a paz interior, a vida com qualidade, a experiência da liberdade.

Jesus dizia: “Eu sou o caminho, a verdade e a vida”. Cada um de nós também é! Cada um de nós é seu próprio caminho, sua própria verdade e sua própria vida. Ninguém vai ao Pai senão por si mesmo. Ninguém chega à alma sem se amar. Ninguém chega à alma sem alma.

Ser é um espaço vivencial. Que nosso espaço seja pleno da experiência da divindade em nós.

7

liberdade

Passarinho cantou
De dentro de uma gaiola
Cantaria melhor
Se fosse do lado de fora.

(Ivan Lins)

Liberdade é a faculdade que cada um possui de se decidir ou agir segundo a própria determinação ou, ainda, estado ou condição de um homem livre.

O homem livre é aquele que não está sujeito a nenhum senhor. É o homem independente, livre da imposição ou coerção de outrem. Sua vontade é autorregulada, e suas necessidades são saciadas na medida de seus recursos.

Podemos aqui questionar até que ponto isso é verdadeiro, pois, queiramos ou não, fazemos parte de um tempo, de uma sociedade, de uma cultura, e isso, de uma maneira ou de outra, cerceia-nos.

Mas podemos olhar também sob a perspectiva da ação transformadora do homem, na qual ele é agente de mudança de sua própria vida, da sociedade, da cultura e do mundo em que vive.

Assim, temos de levar em conta a consciência humana, dotada de arbítrio, interferindo e transformando o que estava determinado.

Liberdade, então, é um aspecto da autoconsciência, uma conquista da inteligência, um espaço de possibilidades. O domínio das leis da vida.

Nada é impossível quando descobrimos como se faz.

A liberdade exige dedicação, estudo, crescimento, aprendizado, conquista. É necessário que aprendamos os mecanismos da vida, suas leis, sua ordem, para podermos nos movimentar com segurança, domínio e liberdade.

O homem é livre quanto à atenção, aos pensamentos, aos sentimentos. Mas nos amarramos, nos cristalizamos em ideias, opiniões, teorias, conceitos, preconceitos, normas. Se no início temos uma ideia, de tanto alimentá-la, ela passa a nos possuir.

Se podemos colocar a atenção onde queremos, vamos colocá-la dentro ou fora de nós? Onde colocamos nossa atenção é onde está nossa consciência. Vamos nos tornar conscientes de nós ou do mundo à nossa volta? O que é mais importante: nós no mundo ou o mundo em nós?

Eckhart, um teólogo alemão, escreveu: "Quando você se sente tolhido é porque sua atitude está desajustada de si".

Bloqueamo-nos, aprisionamo-nos, matando nossa motivação, criatividade, liberdade e nossas experiências. Em nome de que, ou de quem, fazemos isso? Por que nos cerceamos? Por que tanto desejamos a liberdade? Que tipo de sentimento temos para ansiarmos ser livres? Livres de que ou para quê?

Costumamos dizer: "Estou de saco cheio", "Não sei bem o que quero", "Não sei o que tenho", "Não sei o que sinto, só sei que não gosto". Isso nos mostra um desânimo, uma apatia, uma monotonia, uma falta de compromisso com nós mesmos.

Mantemo-nos ativos de ordens externas, ordens que vamos aceitando sem questionar, que seguimos, sem discernir. Esquecemos — ou fingimos que esquecemos — que somos livres para pensar e sentir.

Quando sentimos, experienciamos; ao experienciarmos, as sensações falam conosco; e, ao interpretarmos essas sensações, tiramos automaticamente nossas conclusões. Conclusões pessoais, intransferíveis, únicas.

Quando sentimos, temos autoconsciência, e é dessa consciência que nascem os princípios da autodireção. Liberdade é acumulativa. Cada exercício dela amplia o âmbito do ser.

Mas tornamos esse exercício algo difícil, complicado, e obrigamo-nos a aceitar valores alheios, em nome da paz social e do bem familiar. Rezamos os "tenho de" ou "devo", pois fica mais fácil fazer o que se espera de nós do que arcarmos com a responsabilidade de uma resposta pessoal.

Prisioneiros do pensar, das normas mentais, forçamo-nos a ser ou a fazer coisas que nos desagradam, mas que estão dentro das expectativas dos outros sobre nossa pessoa.

Construímos uma armadura, uma máscara, e passamos a cumprir um programa de comportamento, agendando-nos.

Cadê a espontaneidade? Cadê a motivação? Cadê a alegria de viver? Cadê o ser o que se é?

Em nome da vaidade, do ideal, perdemos o real, o natural, o verdadeiro. Queremos ser o que não somos. Deixamos de ser o que somos e não chegamos a ser o que queremos.

Calamos a alma. Permitimos que o ego represente no teatro da realidade que criamos. Sofremos à espera de um aplauso sem significado e de um reconhecimento sem mérito.

Vigiamo-nos, cobramos de nós mesmos e nos deixamos cobrar. Assim, nós "temos que"... e depois desse início fazemos uma lista interminável de coisas a fazer, a ser, a aceitar.

Como tudo tem dois lados, nós, que nos deixamos cobrar, também cobramos, então, os outros "devem"... Aí vem nossa lista, aquilo que eles devem cumprir, afinal, se fizemos nossa parte, que eles cumpram a deles. Passamos a um autoritarismo desmedido, a uma imposição sem sentido. Há a obrigação, a "forçada de barra", o domínio do homem sobre o homem.

Nota-se um estado ilusório de poder, no qual cada um, escondendo de si mesmo o que é, não permite que o outro seja como é. O roto cuidando do rasgado e vice-versa.

Responsabilidade

Chamamos essa postura de responsabilidade, mas ela é exatamente o oposto disso.

Quem obriga, exige, cobra, é o ditador, o opressor, o dominador. A resposta que obtém é a submissão ou a revolta, não a responsabilidade.

Notemos, por exemplo, como reagimos com agressividade quando estamos acuados ou magoados. Logo falamos: "Com quem você pensa que está lidando?". Ou já arrumamos algum parente ou conhecido que possa fazer mais pressão do que a que estamos sofrendo.

Podemos ainda alegar incapacidade ou inabilidade para o que estão nos obrigando a fazer. Dizemos: "Eu não consigo" ou "Isso é difícil".

Nós, brasileiros, ainda temos o que chamamos eufemisticamente de "jeitinho brasileiro", que é aquela atitude de corromper, distorcer, levar vantagem.

Se tomamos uma multa na estrada por excesso de velocidade, logo resolvemos dar um "cafezinho" ou uma "cervejinha" ao policial, que teima em nos entregar o papelzinho amarelo.

Cantamos, disfarçamos, mas não obedecemos. Lembremo-nos do período da ditadura militar, em que até as músicas de carnaval falavam contra o governo, sem que este pudesse censurá-las, pois de concreto não havia nada que comprovasse tal fato.

Responsabilidade é a habilidade de dar respostas. É opção vinda com a escolha pela liberdade. É um valor escolhido. É atributo da consciência.

Todos os valores são interpretações humanas, portanto, passíveis de ser checados pela experiência, pela meditação, pela percepção. Podemos perguntar: isso vale para mim? Até que ponto isso faz sentido para mim?

Quando nos perguntamos: "Eu quero?"; "Por que motivo?"; "Tenho outras opções?"; "Como eu sinto?", levamo-nos em consideração. Damos a nós mesmos o respeito, o apreço, a valorização de sermos considerados em nossa unicidade.

Eu (alma) x Eu (ego)

O ânimo (*anima* = alma) é a direção de nosso destino. Ele só aparece quando deixamos de ser autoritários. Quando passamos a escutar nosso Eu interior, aquele que vibra, nós temos pique para fazer as coisas, pois surge em nós uma força de ação estimulante.

Pense: você, neste momento de sua vida, está do seu jeito ou do jeito que o outro quer?

Se está de seu jeito, você está se assumindo e arcando com isso. Se está do jeito que o outro quer, você está tentando arrancar dele aquilo que você não se dá.

Nosso Eu verdadeiro distancia-se de nós quando não lhe damos a atenção necessária. Ele fica apagado, obscurecido por nossas necessidades egoicas, pelos bloqueios e pelas imposições.

Perdemos a sensibilidade, tornamo-nos suscetíveis. Abrimos um espaço entre nós e nosso Eu, e nesse espaço entram as neuras, o desânimo, a solidão, a depressão, as regras, a agenda.

Por que tomamos tal atitude? Fazemos isso para preservar nossa vaidade. Para defender aquela imagem ideal que criamos para nós.

Trabalhamos para resguardar algo que não existe, para proteger uma ilusão.

Obrigar-se a alguma coisa é ir contra a espontaneidade natural da alma. É ir contra a noção de bem, de prazer. Em nome de quê?

O escape dessa situação é nos questionarmos: "O que eu quero?"; "Que motivos tenho?"; "O que me leva a esta ou àquela direção?".

Depois, só nos resta assumir, pois não fazê-lo é um desrespeito a nós mesmos. É não nos levar a sério.

Somos senhores de nós mesmos e temos habilidade de responder por nós. Temos todas as possibilidades para escolher na vida.

As sensações

Tudo o que procuramos está em nós. Sentir, eis a chave!

Sentir é estabelecer significados. Usamos nossa percepção para montar uma representação interna, uma organização dos estímulos, de modo a fazer uma totalidade coerente do que experienciamos.

Essa organização é feita de modo particular, único, a cada indivíduo. Leva em conta sua maneira de lidar com as situações, suas experiências anteriores, seu estado emocional na hora da recepção de estímulos e também leva em consideração seu corpo físico.

Às vezes, nós mesmos temos reações diferentes e inesperadas diante do mesmo estímulo, ocasionadas pelos mais diferentes motivos. Você não reagiu de modo diferente diante de situações semelhantes?

Por exemplo, se estamos num momento equilibrado de nossa vida e se as situações estão tranquilas, vamos ao cinema assistir a um drama qualquer, e aquilo não nos causa grandes perturbações. Mas, se a coisa não anda muito boa para o nosso lado, se tivemos uma decepção recente ou algo parecido, o mesmo filme pode nos causar angústia, crise de choro, desequilíbrio emocional etc.

Sentimentos têm experiência, têm valor como discernimento, e nos dão base para agir, pois, apoiados na vivência da situação, objetivam a aceitação ou a rejeição do fato.

A chave da libertação é o sentir, pois mantém o direito de pensar por nós. Só nós sabemos o que sentimos. O que sentimos é exclusividade nossa.

Como vou sentir, já que há tanto tempo mantenho embotada minha sensibilidade? Mergulhe em si, em suas sensações, em sua essência. Aí há um espaço que necessita de sua atenção. Conscientize-se dele. Vá decodificando cada sensação: é prazeroso? É doloroso? É angustiante? Como é sentir o que sinto? Vá explorando cada emoção, cada sentimento, cada reação.

Vá retomando o contato consigo mesmo, sem qualificar de errado ou de certo o que sente. Apenas fique observando, tomando ciência, constatando.

Como tudo que está dentro está fora, a consciência de si o auxiliará na mudança da realidade à sua volta. Podemos nos perguntar: como crio isso? Como causo semelhante situação? Onde posso fazer um novo arranjo para que as coisas se modifiquem? Que atitudes renovadas transformariam essa realidade?

Na chance de percepção está também a oportunidade da mudança. Um novo perceber leva a um novo sentir, que, por sua vez, leva a um novo ser, a um novo agir.

Responsabilidade é ter a consciência de como nós pensamos, escolhemos, decidimos, assumimos. É ter consciência de que somos autocausadores, isto é, o que pensamos gera a realidade à nossa volta; como agimos dentro se faz fora. É ter consciência de que tudo começa e termina em nós mesmos.

Cada um de nós é sua própria lei! Somos todos 100% responsáveis por nós. O que é de nosso arbítrio não recebe interferência da vida.

Limites

Cada um de nós tem noção do que é, do que pensa, do que sente, do que é capaz de fazer. Somos um todo integrado, capazes de autopercepção e de experienciação interior.

Essa estruturação chamada "eu" é percebida dentro de um espaço existencial delimitado. Assim, sabemos o que pertence ao eu e o que não pertence. É como se estabelecêssemos fronteiras — até aqui é meu, depois disso não é mais —, fazendo distinção entre nós e os outros.

Esses espaços existenciais variam sua amplitude, conforme a noção que temos deles e conforme nós os organizamos interiormente.

Muitas pessoas sentem-se "invadidas" por qualquer fato que aconteça ao lado delas; outras, porém, não permitem a menor inferência à sua pessoa.

Essa situação nos mostra como cada um de nós lida com a questão dos limites. Até que ponto vai minha liberdade? Até que ponto posso atuar sem adentrar em suas fronteiras? Até que ponto você pode lidar comigo sem que eu me sinta invadida?

Falávamos de liberdade e começamos a falar de limites, pois os dois conceitos se misturam. Se sou livre, sou responsável por minhas ações e, consequentemente, preciso ter noção de limites para não avançar mais do que posso ou saber até que ponto posso avançar.

Antigamente, chamávamos essa noção de espaço de "regras da boa educação". Lá, nos manuais de comportamento, havia as listas do que se podia e do que não se podia fazer, do que era permitido dizer e do que não era. Por trás disso havia o subtexto: o que você pode ou não pode ser.

Essas regras foram sendo derrubadas, houve um amadurecimento e com isso uma maior amplitude de ação.

Mas esse processo também teve seus extremos. Abolidas as regras, muitas pessoas acharam que poderiam fazer o que bem quisessem. Passaram de uma castração absurda para uma libertinagem sem limites. Transformaram o cerceamento em promiscuidade.

Foram de um extremo ao outro, sem o devido discernimento. De uma maneira ou de outra, havia regras externas atuando, pois se a regra anterior era "nada pode", a regra posterior era "tudo pode".

Liberdade lida com sensibilidade. As regras de fora não importam; o que importa são as percepções interiores. É necessário sensibilidade para ser e agir. Como saber se não estamos avançando o sinal? Como saber de nossos limites? Como perceber se o outro não se sentirá usurpado em seu espaço com minha interferência?

É necessário prestar atenção ao que nossas sensações nos mostram, pois, se os indivíduos são diferentes, logicamente os percebemos diferentes e, portanto, não podemos tratá-los de modo igual.

Cada um de nós merece ser respeitado dentro daquilo que é. Quando respeito verdadeiramente, tenho uma ação em concordância com o que sinto em relação a mim mesmo e ao que percebo do outro.

Ter consideração é trabalhar com aquela energia em nós, que dosa nossa ação e quantifica nosso comportamento.

Ter conhecimento de limites é saber respeitar o próprio espaço e respeitar o espaço alheio. Apreço e consideração para nós e para os outros, pois tratar todo mundo igualmente é falta de sensibilidade. É desconsiderar as diferenças individuais, as especificidades de cada ser.

Disciplina

Ainda dentro do tema liberdade, precisamos tratar de um aspecto que muitas vezes deixamos de lado e que nos causa embaraços, pois sem ele não há liberdade possível. É a disciplina.

Disciplina é a orientação necessária para os valores que queremos alcançar. É trabalhar com o bom senso e a ordem para obtermos o que esperamos. É observância de método, de processo, de zelo, dando qualidade à ação.

Ela nasce da tomada de consciência, da experiência, e mostra-nos a melhor maneira de organizarmos uma ação com o menor gasto de energia, o menor tempo e com os melhores resultados.

Podemos separá-la em disciplina externa e disciplina interna. A disciplina externa funciona à base da coerção, da imposição. Há uma ordem a ser cumprida e pronto. A disciplina interna é a autodisciplina. Há uma sensibilidade trabalhada, cuidada, autoguiada.

Há pessoas que não usam o "desconfiômetro" e são cegas a ponto de precisarem de guias inflexíveis e autoritários para orientá-las em seu comportamento. Não querem abrir os olhos para se guiarem por si.

A autodisciplina é conquistada com a ampliação da consciência, quando temos sensibilidade para perceber nossos direitos e nossos deveres, não porque estes estão escritos e determinados, mas porque fazem sentido e são coerentes com a inteligência, têm bom senso.

Liberdade, responsabilidade, limites e disciplina são aspectos complementares e inerentes um ao outro. São faces de uma mesma moeda, de um mesmo sistema: o autoconhecimento.

Se me conheço, eu sou livre, responsável, disciplinado, e faço uso do bom senso. Sou um ser integrado, comprometido comigo mesmo e, em consequência, com o mundo.

8

sexualidade

Amo tua voz e tua cor
E teu jeito de fazer amor
Revirando os olhos e o tapete
Suspirando em falsete
Coisas que eu nem sei contar
Ser feliz é tudo que se quer...

(Kledir Ramil)

Entre a cabeça e os órgãos genitais, temos um coração. Mas será que sabemos disso?

Há poucos anos, falar de sexo era considerado algo feio, muitas vezes pecado, imoralidade, sujeira. Ele era tratado de maneira anedótica por alguns, moralmente por outros, estritamente biológico por estudiosos de áreas específicas, cheio de regras e normas pelos religiosos e, para a maioria da população, como algo que não se discutia.

Depois de muitas pesquisas, algumas sérias e bem organizadas, outras com erros de abordagem, de enfoque ou de conclusão, o tema começou a atrair mais e mais pessoas interessadas em estudá-lo. A matéria foi sendo mais disseminada, passou a ser tratada em revistas de variados segmentos, muitos livros foram publicados para diferentes tipos de pessoa e para diferentes idades.

Os jornais publicavam pesquisas, saíam revistas especializadas em tratá-lo de modo adequado e outras continuavam a deturpá-lo. Houve um *boom* de artigos, de receitas, de normas e técnicas.

Todos tinham algo a dizer sobre o assunto, não importava se com conhecimento de causa ou não. Assim, saíram artigos de leigos, religiosos, médicos, psicólogos, professores e de toda uma gama de pessoas que se considerava apta a opinar sobre sexo.

Muitas vezes, os "conceitos científicos" não tinham coerência entre si; outras, a opinião do autor e de sua moral contavam mais do que qualquer coisa. Outras vezes, faltavam provas, análises mais aprofundadas, observações mais acuradas. Mas era um assunto que vendia, chamava a atenção, era de interesse de todos e, portanto, qualquer pessoa se arvorava em tratá-lo.

Isso chamou a atenção de educadores. A educação sexual foi introduzida em alguns currículos escolares, crianças e adolescentes passaram a falar sobre sexo mais abertamente com seus pais, professores, orientadores. A educação formal descobriu a importância da sexualidade na formação do indivíduo integral e dedicou a esse assunto uma parte de suas horas-aulas semanais. Parte pequena, porém, era mais que nada.

O cinema, a televisão, os *outdoors* enfatizavam cada vez mais o apelo sexual em sua comunicação, transformando comportamentos, alterando conceitos, modificando ideias e, principalmente, vendendo muito.

Parecia que vivíamos numa sociedade de mentalidade aberta, em que tudo podia ser encarado e discutido sem grandes problemas, pois éramos pessoas modernas tratando de um assunto moderno.

Parecia, mas não era. E não é até hoje. Por trás de tanta discussão, de tantos estudos, o sexo continua a ser um assunto polêmico, causador de embaraço, de situações constrangedoras e de opiniões diversas.

É um assunto que atinge a todos, socialmente, psicologicamente, biologicamente, produzindo em todos efeitos importantes e marcantes.

Estamos mais livres para discutir nossos problemas. Podemos, de certa maneira, nos colocar e falar sobre nossas emoções e nossos sentimentos, mas o sexo ainda é constrangedor, é difícil de ser enfrentado, é complicado para ser entendido.

Não se comenta, não se fala sobre ele. Quando o fazemos, é tudo por meias-palavras, por eufemismos, suavizando o tema, porque logo achamos que não seremos compreendidos ou que seremos gozados em nossas dúvidas ou incertezas.

Olhamos como se olhássemos para algo impuro em nós. Algo que deve ser escondido, pois como saberemos se o que sentimos em relação a ele é "normal" ou não?

Falamos com tranquilidade que fomos ao dentista ou ao oftalmologista, mas só para alguns comentamos que estivemos no ginecologista ou no urologista.

Podemos precisar fazer uma endoscopia, um cateterismo, mas, só de imaginar que teremos de enfrentar a mesa ginecológica ou fazer um exame de próstata, já sentimos arrepio.

É como se essa parte de nosso corpo fosse algo sujo, que tivesse de ser camuflado, disfarçado, para não causar transtorno a nós e aos que convivem conosco.

Olhamos como se olhássemos algo sujo, mas não nos apercebemos de que a sujeira está em nossa cabeça e não em nossos órgãos genitais.

Nossa atitude materializa, então, diversos problemas nessa área. Materializamos a "caqueira" de nossa mente em nosso corpo. Surgem diversos sintomas, apontando-nos que mantemos uma ideia inadequada para nosso nível de maturidade e entendimento.

Corpo e mente são uma unidade integrada. Se pensamos de modo inadequado, provocamos modificações vibratórias que se manifestam no exterior como doença. A desarmonia interior faz-se notar no físico, mostrando-nos o que estamos fazendo conosco.

Somatizamos, isto é, trazemos ao corpo (soma) nossos problemas psíquicos. A desarmonia física é sinal de desarmonia psíquica.

Menopausa com dificuldade, impotência, frigidez, tumores prostáticos, histerictomias, mastectomia, infertilidade, ejaculação precoce são padrões negativos concretizados no corpo, que nos chamam a atenção para nossa postura e nossas ideias.

Sexo, sexualidade, sensualidade

Segundo o dicionário, sexo é a conformação particular do ser vivo, que lhe permite uma função ou um papel específico no ato da geração.

É uma definição notadamente biológica e restrita à formação física.

Sexualidade é a maneira de ser própria de quem tem sexo. Aí temos uma ampliação no conceito, abrangendo os aspectos biológico, psicológico e social. É aqui que nossos problemas se fazem presentes, pois as dificuldades que temos não surgem de nosso sexo, mas da maneira como assumimos nossa sexualidade.

A sexualidade é aprendida e construída durante as fases de nossa vida, e cada uma delas é vivida em suas especificidades. Passamos pela infância, adolescência, juventude e maturidade tentando lidar com nossa sexualidade.

Muitos de nós tivemos acesso a livros, informações, pudemos discutir, confrontar, compreender, experimentar. Outros, porém, a grande maioria, não tiveram nada, descobriram na vida — se é que descobriram.

Ficamos muito mais no que nos falaram, nas regras do como fazer, do que na experiência, no ousar sentir para depois concluir. Como a evolução só é atingida pela experiência, ao negarmos a experiência, negamos a vida, o progresso, e rejeitamos o crescimento.

Embotamos nossa sexualidade e com ela também nossa sensualidade, que é o prazer de viver a vida com plenitude. A sensualidade vem desse impulso para a vida, para o relacionamento, para a ternura e o afeto. É o conjunto das sensações de prazer vivencial que se externa em carisma e presença.

Sensualidade é prazer de viver. É aquilo que é gostoso, bonito, cheio de graça, de vida, de força, de brilho. É o que nos dá criatividade, impulso para a beleza, e o que nos dá a sensação de vitalidade e energia corporal.

Podemos considerar uma pessoa, um quadro, uma escultura, uma roupa sensuais, isto é, como estímulos de nossa sensualidade, do que sentimos no corpo e na realidade interior e que traduzimos como prazer.

Sensualidade é característica de quem se aceita, tem fé na vida, se assume como é, sabe viver no presente com liberdade e responsabilidade.

Para que serve o sexo

Biologicamente falando, sexo é o assegurador da vida, da manutenção da espécie, por meio da procriação. É aquilo que nos atrai para o outro e envolve sentimentos, desejos, necessidades. Em função dele, os seres humanos podem vir a se casar, ter filhos, constituir família.

Mas não é só para a procriação que o sexo serve. A reprodução é uma parte da função sexual, porém, não é a única.

Temos no sexo uma fonte de prazer, de alegria, de satisfação. Ele envolve aspectos psicológicos, sociais e físicos muito importantes e profundos. É gostoso acariciar e ser acariciado, sentir ternura, dar e receber afeto, ser tocado, olhado de maneira diferente. Tudo isso nos alimenta física e emocionalmente, aumentando nossa possibilidade de intimidade, de união. Dá uma sensação de bem-estar, de leveza, energizando-nos por inteiro.

O compartilhar, a parceria, a cumplicidade são estados de profunda comunhão, capazes de atenuar nossos problemas, suavizar nossas dificuldades e ampliar nossa felicidade. Cada um de nós é responsável por si e pela realidade que cria à sua volta, mas é gostoso saber que há alguém que nos compreende, com quem possamos trocar nossas alegrias e a quem possamos doar o amor que sentimos.

Sexo, então, serve para demonstrar amor, nos dar prazer, nos divertir. É um canal, uma maneira de manifestar os sentimentos que nutrimos em nós.

O exercício da sexualidade nos torna mais afetivos, carinhosos, ternos e mais abertos, assumindo o humano que há em nós.

E quem não tem a possibilidade de ter um relacionamento sexual? Quando falo de sexo, não me refiro só a relações sexuais; refiro-me também ao trabalho com nossa sensualidade e sexualidade.

Todos nós sempre temos alguém para acariciar, algo a que se dedicar, amor para doar, prazer em fazer. São todas áreas de atuação para nossa energia sexual. Quando atuamos com paixão, utilizamos esse impulso de vida.

Ah, e como fica o sexo sem amor? O sexo pelo sexo? Também é válido. Há pessoas que o utilizam como válvula de escape para uma série de situações na vida. Nada errado, apenas um exercício para descarga energética.

O melhor do sexo é quando existe afeto, ternura, aconchego. Quem já provou deste sabe que o outro não é satisfatório. Quando o faz, em vez de realização, sai com um vazio maior ainda.

Ousar sentir por si mesmo e depois avaliar é uma boa receita. Vamos viver com maturidade e não com fantasias.

Logicamente, quem vive com maturidade vive com responsabilidade em tudo o que faz e assume tudo o que sente. Com a sexualidade é a mesma coisa. A sexualidade vivida com responsabilidade traz como consequência situações agradáveis e repletas de satisfação. Surgem os filhos, vive-se o prazer, a alegria, a intimidade.

Os relacionamentos são providos de alta dose de aceitação, beneficiados pela estima e consideração. Sexualidade vivida com responsabilidade não traz dor.

A felicidade depende de nós, não do outro. Se sabemos lidar conosco com responsabilidade, se conseguimos nos entender, fica mais fácil lidar com o outro também. A vida nos trata como nos tratamos.

Não temos de representar papéis. Antes de sermos homens ou mulheres, maridos ou esposas, namorados, somos pessoas, seres humanos em aprendizagem e crescimento. Tudo se aprende nesta vida, como trabalhar com a sexualidade também.

A aprendizagem é facilitada se for tratada com afeto, sem julgamentos, culpas, cobranças, mas otimizando-se os fatos para que sirvam de exercício para a transcendência.

Precisamos da integração que eleva, da união que sublima. Vamos trabalhar com nossa receptividade para que esta se transforme em força de doação. Vamos permitir que a experiência enriquecedora da vida nos auxilie na ampliação da consciência.

Diferentes tipos de abordagem

O sexo e a sexualidade são vistos, nas diversas áreas do conhecimento humano, de maneiras variadas e sob perspectivas específicas.

A psicologia aborda o crescimento e o desenvolvimento humano, observando maturação, estruturação, função, personalidade, sistemas de aprendizagem, percepções, motivos e necessidades.

A sociologia os vê sob a ótica dos relacionamentos sociais, dos sistemas de parentesco, da situação social, institucional, da marginalidade, dos preconceitos e da moralidade.

A economia vê homens e mulheres como agentes de produção e de consumo, o que podem produzir, como se associam e como influenciam os demais grupos.

Até pouco tempo, os médicos tinham uma visão somente física das pessoas. Eram corpos que precisavam de ajustes quando não funcionavam direito. Atualmente, isso mudou um pouco. Algumas faculdades têm formado profissionais da medicina com uma visão mais ampla, dando ênfase à pessoa e não só ao corpo dela.

Assim podemos notar que as visões de cada área, seja política, antropológica, médica, psicológica, espiritual, enfatizam um aspecto da sexualidade e do sexo concernentes ao que estudam e procuram. Não há uma abordagem única, não há uma verdade única. O que existe são estudos parciais, dentro de disciplinas específicas, visando a questionamentos e entendimentos também específicos, todos nos dando seu parecer, sua contribuição, mas ninguém detendo a verdade, pois ela está no íntimo de cada um. As pessoas são como a Natureza permite que elas sejam.

Em nossa Constituição, o capítulo I, Dos Direitos e Garantias Fundamentais, Art. 5º, reza que: "Todos são iguais perante a lei, sem distinção de qualquer natureza, garantindo-se aos brasileiros e aos estrangeiros residentes no País a inviolabilidade do direito à vida, à liberdade, à igualdade, à segurança e à propriedade".

Após, é enumerada uma série de termos, dos quais os que nos interessam no momento são: "I - homens e mulheres são iguais em direitos e obrigações, nos termos desta Constituição" e "X - são invioláveis a intimidade, a vida privada, a honra e a imagem das pessoas, assegurado o direito à indenização pelo dano material ou moral decorrente de sua violação".

Ainda na Constituição, o Art. 7º fala sobre os direitos sociais e nele consta a proibição de diferença de salários, de exercício de funções e de critérios de admissão por motivo de sexo, idade, cor ou estado civil.

Será que realmente cremos nisso? Será que realmente aceitamos isso como verdade ou fingimos que aceitamos por força da lei? Como trabalhamos com nossos preconceitos? Que tipo de tabu mantemos?

Tabus e preconceitos

Tabus são ações, objetos, pessoas ou lugares proibidos por uma lei ou uma cultura. A palavra tem o significado de algo sagrado, especial ou impuro. As pessoas que ousarem quebrar um tabu estão automaticamente envolvidas nas sanções sobrenaturais ou da sociedade.

Em nossa cultura, o incesto é considerado tabu. O casamento ou as relações sexuais entre pessoas com ligações familiares, como pai e filha, irmão e irmã, são proibidas e o casamento entre primos é visto com muita restrição e censura.

A virgindade também é vista — embora aparentemente negada — como um valor a ser preservado, principalmente em relação às mulheres.

Os tabus são criados — de maneira até inconsciente — para preservar a sociedade e sua organização. O incesto, em muitos casos, provoca deformações genéticas, e a virgindade é um meio de preservar a constituição familiar como algo a ser alcançado.

São valores enraizados que só fazem sentido se os situarmos num tempo e espaço determinados e observarmos seus objetivos, seus fundamentos e suas crenças. Que tipo de julgamento pode alguém fazer numa situação de incesto, se crer na reencarnação, na multiplicidade de vidas e sua sintonia?

Preconceitos (pré = antes; conceito = noção) são atitudes discriminatórias dirigidas de forma incondicionada a pessoas que não são como nós, especialmente às suas ideias ou à sua conduta, fundamentadas em traços ou características que se acredita serem erradas, sem nenhuma base adequada nos fatos ou na experiência pessoal. É uma resposta estereotipada, pois o julgamento é alicerçado em ideias e não em fatos.

Temos preconceitos sexuais fortíssimos em relação às pessoas que não trabalham sua sexualidade como nós o fazemos. Assim, a lesbianidade, a homossexualidade masculina, a bissexualidade, o eunuquismo e até mesmo o machismo e o feminismo são temas que nos incomodam e enraivecem.

Temos as mais diferentes opiniões sobre cada um deles, mas a básica é que eles são anormais e nós somos normais.

O que é ser normal? Se são pessoas felizes, íntegras, de bem consigo mesmas e com a vida, se estão no mesmo processo de crescimento e de aprendizagem que nós, o que há de errado com elas?

Preocupados mais com o que o outro faz na cama e com quem do que com a pessoa e seu relacionamento conosco, nós nos tornamos sexistas, pessoas com sérias perturbações de entendimento, que só enxergam sujeira e decadência na afetividade humana.

Elaboramos teorias repletas de sexismo, definindo comportamentos humanos baseados no homem e na mulher da agenda social e da constituição ditatorial de nossos valores. Estendemos esses preconceitos para os desquitados, os divorciados, as mães solteiras, as famílias não convencionais, os filhos de pais separados.

Há pouco tempo, li os resultados de uma pesquisa realizada na Suíça, em que os analistas haviam computado mais de 687 tipos de sexo, pois não se poderia considerar o sexo separado da sexualidade na constituição humana. Assim, numa escala de 1 a 687, podemos estar situados em qualquer uma das etapas.

As pessoas são portadoras de sexo e da maneira como o sentem, elaboram e buscam seu prazer, sua afetividade. Como transmitem sua ternura, seu amor, vivem seu sensualismo, é escolha e característica pessoal de cada indivíduo.

O homem ou a mulher que não tem a sexualidade livre é um insatisfeito. Vive sem prazer de viver, vive de normas e não de alma.

As pessoas são como são. São como Deus e a Natureza permitem que elas sejam. Elas são diferentes, assim como nós somos, e diferenças não são defeitos; são especificidades.

Energia sexual

Energia sexual é energia vital. É primordialmente o impulso para a vida, para o prazer. Tonifica os centros de força, dá ânimo, auxilia nossas defesas.

Essa energia vital flui através de nosso corpo, conservando-o, ativando-o, estimulando-o, no ritmo constante da Natureza, sustentando-nos e ligando-nos ao Universo como um todo.

Vertemos sem parar essa energia quando estamos bem, porém, a "roubamos" de outrem quando não estamos em equilíbrio. Percebemos isso quando recebemos uma visita que nos deixa esgotados ou quando encontramos pessoas que têm presença altamente benéfica para nós.

Essa energia vital é a substância sexual que chamamos de ectoplasma. Nós a usamos no processo de reencarne. É o ectoplasma que torna possível o corpo astral do renascente ligar-se ao óvulo fecundado. É a substância que une nosso corpo astral ao corpo físico.

Quando estamos reencarnados, essa substância não cessa de ser fabricada por nossas glândulas sexuais, pois precisamos dela para nos mantermos ligados ao corpo físico.

Nós falamos do ectoplasma como uma energia que auxilia a materialização, por isso ela é a mesma energia usada nas curas paranormais, nos passes espirituais. Quando um médium de cura nos aplica um passe, ele usa essa energia, dispondo-a em áreas específicas de nosso corpo, dinamizando-as, revitalizando-as, organizando a matéria biológica de modo harmônico.

O passe de cura é uma aplicação de energia sexual sublimada. O médium de cura é um doador de ectoplasma. Ele tem facilidade de produzir uma quantidade acima do normal dessa substância e, portanto, pode doá-la. Assim também as benzedeiras, os curadores, os magos, os curandeiros, os pajés, os xamãs fazem dela seu material de trabalho.

É também uma excelente substância para limpeza e produz fenômenos físicos, os *poltergeists*, o transporte (desmaterialização e rematerialização). Há muito que aprender sobre o ectoplasma, e, para quem quiser fazê-lo, existe um vastíssimo material de pesquisa sobre o assunto.

Repressão e psicossomatização

Quando estagnamos essa energia por reprimi-la ou recalcá-la, sem deixar que se manifeste, pois nossos preconceitos, tabus e nossas regras não permitem que a expressemos, ela nos causa uma série de disfunções. Chamamos algumas dessas de somatizações e já pudemos observar alguns exemplos no início de nossa abordagem.

Além dos problemas físicos, temos também os psicológicos, nos quais podem surgir crises de medo, de angústia, de ansiedade, ou ainda a perda do contato com a realidade, fazendo o indivíduo entrar em neurose, esquizofrenia, histeria e até mesmo em psicose.

Perdemos a capacidade da ternura se não soubermos trabalhar com essa força em nós. Pessoas que não permitem o fluir dessa energia tornam-se frias, secas, insatisfeitas, desequilibradas.

Podemos exercitar esse fluxo por meio de nossa criatividade, atitudes de bem-estar, relacionamentos agradáveis, trabalhos sensoriais com plantas, animais, crianças, música, dança, ou seja, de atividades que nos proporcionem prazer. Prazer sentido pelo corpo e pela alma.

Educação sexual

Educação sexual é o ensino a respeito de sexo e da sexualidade humana. Serve para informar e formar e se dá de forma direta ou indireta.

Quando passamos conhecimentos sobre a estrutura e o funcionamento do aparelho genital e descrevemos como se processam a gestação, a menstruação, a ejaculação, estamos definindo funções, transmitindo instrução. Essa é uma postura de educação sexual formal, cujo único objetivo é informar. Normalmente, essa informação é passada de maneira direta, por meio de livros, aulas, palestras e conversas.

Geralmente, esse tipo de orientação segue as fases do crescimento humano e o interesse de cada idade. Ela pode ser iniciada no começo da infância e prosseguir até a idade adulta. O nível da abordagem vai se aprofundando, trazendo informações adaptadas à necessidade de cada etapa.

Outra maneira é a formação, que leva em conta as especificidades de cada pessoa, sua família, sua religião. Tem um aspecto mais particular e inclui as normas, as regras sociais da cultura em que ela se dá. Processa-se de maneira mais indireta, em que a pessoa aprende observando comportamentos à sua volta, com a experiência vivida em casa, os conselhos que lhe deram, as opiniões que escutou.

Esse tipo de educação sexual é feita de maneira informal, pois não é o que lemos nos livros que conta, mas a vivência, o que pudemos tirar dela, os comportamentos aprendidos.

Uma pessoa que conviveu numa família em que a demonstração de afeto era rara, em que não se notava intimidade entre os pais, terá uma ideia de sexo e da sexualidade completamente diferente de outra que viveu num ambiente de intimidade, sendo acariciada, observando o relacionamento dos pais e o jeito de ser do pai e da mãe.

Há uma grande controvérsia a respeito de quem deve ensinar educação sexual. Muitos dizem que é função dos pais, pois eles forneceriam junto uma educação moral. Outros dizem que é função da escola, pois só ela tem condições de fornecer informações corretas.

Muitas vezes, os pais não estão preparados para fornecer as informações necessárias, pois não possuem os conhecimentos indispensáveis para isso. Há também professores que, embora tenham o conhecimento, ficam constrangidos em abordar o tema com seus alunos.

Eu, como professora e como mãe, acredito que é função de ambos, da família e da escola. Se unirmos esforços, poderemos fazer um trabalho muito bom.

Educação sexual é uma necessidade. Ela deve ser dada na família, na escola, debatida nas igrejas, nos consultórios, nas conversas, nos livros, nas revistas. Devemos facilitar o crescimento, não impedi-lo. Só podemos dominar o que conhecemos. A ignorância é uma doença; não é uma virtude. Educar é função de todos.

Sexualidade não tem só a ver com aspectos biológicos, mas com autoestima, autoconfiança, afeto, igualdade de direitos, respeito, aspectos que auxiliem o indivíduo a vivenciar sua vida de maneira livre e responsável. Abrange áreas como família, saúde, história e geografia. Um professor predisposto pode e deve, dentro de sua área, orientar seus alunos, assim como um pai e uma mãe atentos podem, a qualquer momento, formar uma atitude adequada, buscando junto com seus filhos respostas para as dúvidas.

Antes de trabalharmos com a sexualidade dos outros, precisamos aceitar e trabalhar a nossa. Precisamos compreender os papéis que representamos na família, na sociedade, compreender nossos comportamentos com nós mesmos e com os outros, fortalecer nossa autoestima, autoaceitação, resolver nossas dúvidas de teor biológico, nossas questões morais, nosso psiquismo, nossas emoções.

Sexualidade e afetividade autoimplicam-se. Ao tocarmos em uma, tocaremos imediatamente na outra, talvez por isso seja tão difícil mexer com a sexualidade. Temos de pôr a descoberto nossas verdadeiras relações conosco, com o outro, com a sociedade. Elas precisam de honestidade para serem vivenciadas com plenitude, responsabilidade e sabedoria.

Complicamos demais as coisas. Vamos muito mais pelo que pensamos do que pelo que sentimos. Transformamos o simples em padrões de conduta, o honesto em disfarce, o natural em problema. Queremos vestir a máscara do correto, esquecendo-nos de que temos alma.

Vamos dirigir nossa atenção para o ser humano que existe em nós, para aquela centelha de luz que brilha em nosso íntimo e que nos torna seres repletos de potencialidade, com habilidade para crescer de modo sadio, com confiança em nós mesmos e na vida.

Espiritualidade é ver com os olhos do espírito. Vamos nos permitir uma visão diferenciada, mais ampla e verdadeira. Crescemos como um todo integrado. Tudo o que nos diz respeito e aprimora nossa consciência é importante e tem relevância em nossa vida e em nosso desenvolvimento.

9
culpa

> *São tantas coisinhas miúdas*
> *Roendo, comendo, arrasando*
> *Aos poucos com o nosso ideal*
> *São frases perdidas num mundo*
> *De gritos e gestos*
> *Num jogo de culpa que faz*
> *Tanto mal.*
>
> (Gonzaguinha)

Quem de nós já não se sentiu culpado por ter pensado algo?

Quem de nós já não se sentiu culpado por ter agido de um modo?

Quem de nós já não se sentiu culpado por não ter feito nada?

Culpa! Sentimos culpa por coisas tão diferentes, que perdemos a conta de quais foram os motivos, mas ficamos com a sensação de que, de uma maneira ou de outra, não agimos do modo certo.

Culpa é uma reação emocional aprendida. Ensinaram-nos, pelo sistema de punição e recompensa, que devemos receber elogios quando acertamos e nos sentir culpados e ser castigados sempre que erramos.

Herdamos a culpa como um mecanismo de vigilância e tortura, que nos impede de cometer novamente o erro ou não nos esquecer dele. É um produto adquirido da cultura e dos valores sociais.

Quando ela aparece? Há um modelo ideal a ser cumprido. Quando percebemos, por nosso julgamento moral, que ele não foi realizado, entramos no processo da culpa, que é uma forma de autopunição, de autocondenação. É como se nos castigássemos, consciente ou inconscientemente, do "mal" que praticamos.

É uma maneira agressiva de olharmos para nós e vermos nossas ações ou mesmo nossas atitudes. Na realidade, ficamos com raiva de nós, do outro que nos cobra e nos mostra nossa falha. Puxamos a raiva para nós e a transformamos em culpa.

Força terrivelmente ativa, a culpa corrói nosso poder de nos controlar interiormente. Deixa-nos doentes, sem capacidade de domínio, de relaxamento, sem pique, sem prazer de viver, sem presença.

Por que fazemos isso conosco? O que nos leva a uma autoagressão? Que tipo de coisa acontece em nosso interior que produz em nós sensação tão perturbadora?

Perturbadora sim, pois incomoda, sufoca, nos põe para baixo, nos deixa paralisados diante de algumas coisas. É uma dor moral, que não há remédio que cure. Procuramos não vê-la, esquecê-la, mas ela persiste, sustentada por nossas crenças, nosso modo de pensar.

Tudo isso acontece porque queremos ser o que não somos. Pura pretensão! Sofremos de culpa porque queremos ser melhores, maiores, mais capazes do que somos. Queremos ser o modelo ideal de pessoa. Modelo que construímos em nossa ilusão, que só existe em nossa cabeça.

Origens das culpas

Os impulsos de vida brotam em nós, impelindo-nos à ação, estimulando nossos potenciais e auxiliando-nos na busca do equilíbrio interior. Instiga-nos a tomar atitudes que nos levem à satisfação de necessidades para que nos sintamos em harmonia e no fluxo da vida.

Esses impulsos surgem em estado natural e necessitam da ação da consciência para que sejam vivenciados de maneira adequada, formatados de modo a serem usados com plenitude.

Mas, em vez de trabalharmos apenas com o bom senso, com a ligação alma-intelecto, permitimos que leis externas a nós e também internalizadas em nós observem nossos comportamentos e os julguem certos ou errados. Isto é, determinamos alguns padrões de conduta e como devem ser nossas ações com relação a eles.

Enquanto crescemos, criamos algumas normas que devemos seguir, mas, às vezes, não conseguimos levar adiante o que criamos para nós. Será que quando bebês sentíamos culpa? Será que o índio sente culpa?

Não. Nem um nem outro. O bebê não se sente culpado ou com vergonha por ter feito um berreiro por causa da fome ou por dormir no meio da festa de batizado. Assim como o índio antropófago não se culpa por ter comido o coração de seu inimigo.

Com esses exemplos, podemos perceber que aprendemos com a sociedade a nos sentir culpados. Fomos educados de maneira que, ao procedermos de forma inadequada, além de sermos castigados, deveríamos carregar a culpa.

Dependendo da falta, isso toma proporções diferentes, mas o fato fundamental, a culpa, permanece. Podemos ter de uma "dor de consciência" a uma doença gravíssima por somatização da culpa.

Existem muitas situações provocadoras de culpa, como também muitas reações diferentes diante dessas situações.

Voltemos aos impulsos de vida. Eles incitam-nos a conhecer, dominar, ter prazer, atuar, ser. Mas, quando os estamos exercitando, em vez de nos ensinarem a adequá-los de modo útil para que possam se desenvolver, eles são reprimidos ou condenados.

Assim, quando queremos saber sobre as coisas, ver, tocar, sentir, escutamos falas como: "Vá! Vá viajar, e eu fico aqui sozinha..."; "Tire a mão daí, menino!"; "Se você fosse mais inteligente..."; "Onde já se viu perguntar uma barbaridade dessas?"; "Isso não é coisa para se comentar"; "Não toque em minhas plantas!".

Engolimos nossa curiosidade, nossa necessidade de investigação, sentimo-nos mal por termos provocado no outro tamanho estupor com a vontade que tínhamos de saber.

Aprendemos dessa maneira que somos abelhudos, indiscretos, e que isso não é uma atitude correta. Devemos ser comedidos, só ver com os olhos, não questionar muito, não sentir para não precisar perguntar. Mas continuamos com o impulso, e ele se vira contra nós. Acabamos, então, nos sentindo culpados por sermos ignorantes, por não sabermos distinguir bem as coisas, por não termos discernimento suficiente.

Entramos na dependência de outras pessoas que julgamos mais capazes que nós, ficamos com medo do inesperado, do desconhecido, e nos sentimos culpados por não conseguirmos ser como deveríamos.

Outras vezes, temos vontade de dominar as coisas, de dirigi-las segundo nossa percepção, e escutamos falas como: "O que vão pensar os vizinhos?"; "Olhe o que você está fazendo comigo, sendo tão teimoso!"; "Seja mais obediente, mais acessível"; "Ou você se senta e cala a boca ou..."; "Você desobedeceu a Deus..."; "Isso é seu carma, e você tem de cumprir"; "Não grite comigo, pois eu sou...".

Em minha casa, por exemplo, a fala não era necessária. Bastava o olhar de meu pai para que ficássemos quietos.

Tornamo-nos pessoas sem muita coragem, sem muita firmeza, sentimo-nos impotentes diante das situações da vida. A sensação de culpa vem quando não conseguimos segurar determinadas barras, não dizemos o que temos vontade, não confrontamos o outro, quando não temos a força necessária para mudar o que não queremos mais.

Em relação ao prazer, a busca por ele também produz bastante culpa, pois se há uma regra que nos ensinaram bem é a de que o prazer é pecado.

Vamos recordar algumas coisas que escutamos: "Seu parto foi muito difícil"; "Onde já se viu? Desse tamanho e fazendo xixi na calça?"; "Tire a mão daí! É feio!"; "Você não se envergonha de ficar tanto tempo vendo TV?"; "Esse tipo de carinho já não serve mais para uma mocinha"; "Você é muito gorda para andar de short"; "Credo! Você ficou duas horas tomando banho. Quem paga?"; "Você não tem nada de útil para fazer?"; "Festa? Festa para quê? Você vê seus amigos todos os dias na escola. Não precisa juntar ninguém"; "Pare de cantar, pois está me deixando louca".

Embutimos nossa busca de satisfação, nossa alegria de viver, nosso entusiasmo e agora nos sentimos culpados quando temos um pensamento sexual, quando sentimos necessidade de fazer um carinho, de tocar alguém, quando temos um tempo de folga e não o usamos para fazer algo "útil", quando transamos com alguém e não sentimos nada, por termos vontade de ser "fúteis".

A sensação de culpa é provocada pela sensação de imperfeição, pela sensação de não se satisfazer nunca, de julgar-se relaxado, sem criatividade, sem a feminilidade ou a masculinidade necessária. Quando nós mesmos nos achamos uma companhia desagradável, não sabemos nos dirigir às pessoas.

Outro impulso é o da habilidade. Queremos atuar, fazer, ser capaz de ação, de realização, mas muitas vezes esse impulso foi recalcado por nós mesmos. Lembremo-nos de algumas coisas que escutamos e valorizamos: "Deixa que eu faço para você, pois é difícil"; "Sua mãe vai ficar chateada com você, quando vir o que você fez"; "Antigamente, você era mais hábil, mais rápido""; "Qualquer burro sabe arrumar isso"; "Se ao menos você fosse mais..."; "Se furar o pneu, você me liga, e eu vou socorrê-lo"; "É melhor você ir com alguém que saiba"; "Eu a dar-lhe e o burro a fugir-me" (ditado português).

Perdemos com isso o pique para a ação, a empolgação para atuar, para fazer. Sentimos culpa quando não conseguimos vencer as barreiras, os obstáculos, se nos apresentam isso como indicadores de incapacidade e não como desafios. Não nos permitimos errar e, quando erramos, a incapacidade parece ser ampliada mil vezes. Preferimos optar por não fazer para não errar e sentimos culpa por não tentar. A sensação de culpa é produzida pela sensação de incapacidade para lidar com as situações.

Uma maneira diversa de produzir culpa é quando nossa presença é reprimida, quando ser o que somos é recalcado e acabamos nos sentindo vazios, feios, sem razão, sós, ridículos. Essa sensação produz em nós a culpa de sermos diferentes, de não sermos normais, de sermos o que somos. Vamos nos lembrar como aprendemos isso: "Você me deu muito trabalho para nascer. Foi terrível"; "Não seja mal-educado. Respeite os outros";"Você não se envergonha de ser assim?"; "Se você fosse mais..."; "Deus deve estar triste com você"; "Ponha-se em seu lugar"; "Não seja ridícula! Tire essa pintura"; "Sabe que tipo você está parecendo?".

Ao escutarmos essas coisas, vamos, aos poucos, "nos recolhendo à nossa insignificância", ficando com medo de aparecer, de sermos ridicularizados, de não saber nos comportar. Passamos a sentir culpa por não sermos melhores, mais espirituosos, mais alegres, mais charmosos, mais, mais...

Aprendemos a nos sentir culpados e usamos do mesmo truque com nossos pais, com a sociedade, com a escola, fazendo-os sentir a mesma coisa. Dizemos: "Se tivessem me ensinado direito..."; "Se eu tivesse tido a chance de..."; "Se eu tivesse recebido o amor de que eu precisava..."; "Todos puderam ir, menos eu, pois vocês..."; "Se você me compreendesse mais..."; "O professor de... é muito mais didático"; "Como você pode me dizer não, depois de tudo o que eu lhe fiz?"; "Deus há de me abençoar, pois sempre fui um bom filho"; "Quero só ver se ele vai achar defeito..."; "Fico muito constrangida quando você...".

Temos uma coleção de culpas, algumas já superadas ou em processo de superação e outras tão fundas em nós que nem nos damos conta de sua presença.

Podemos dizer que sentimos culpa, mas não sabemos do quê. É uma sensação indefinida, que nos causa angústia, um tormento interior, deixando-nos apreensivos, sem conseguir identificar sua origem. É como se lidássemos com algum resíduo, alguma coisa que sobrou e que não sabemos do que e por que sobrou. O pior: não temos ideia de como nos livraremos disso. Torna-se um círculo vicioso, pois nos sentimos incapazes de descobrir, sentimo-nos culpados por isso, e essa culpa, por sua vez, aumenta a outra, que tende a aumentar o problema e a diminuir nossa capacidade de lidar com ele.

A autocondenação

Vimos como aprendemos a nos sentir culpados. Que, ao recalcarmos nossos impulsos naturais, produzimos núcleos em nós que provocam sensações de culpa.

Aprendemos esse mecanismo e passamos a usá-lo conosco sem a necessidade da presença do outro para nos coibir ou acusar. Internalizamos "os outros", as normas culturais, os padrões sociais.

Quando quebramos uma regra dessas, um código moral, uma expectativa do mundo ou um ideal nosso, tendemos a nos sentir culpados. Não aceitamos que se não cumprimos é porque não tínhamos condição de cumprir. Pedimos mais do que realmente podíamos dar.

Queremos ser o que não temos condição de ser. Nós não somos o que pensamos de nós. Apenas somos o que somos. Nossa mente fantasia em cima das possibilidades dos seres e nos achamos capazes de, ao idealizar um modelo de pessoa, vestir o que inventamos.

Vaidade! Culpa é vaidade! É orgulho espiritual. Queremos com nossa culpa mudar o que fizemos. Queremos trabalhar com a fantasia e ir contra a realidade. Que realidade? Aquela que nos mostra que só podemos o que podemos e que o resto é fruto de idealização, do manequim que montei para mim, mas que não sou eu.

O que pude fazer, eu fiz; o que não fiz é porque não podia. Não tinha maturidade para, não me interessava, não tinha consciência das consequências. Mas o que realmente precisava ser feito foi feito.

Não adianta chorarmos o leite derramado. Derramou porque não ficamos olhando. Só! Choramos em cima de um código que não cumprimos, porque não nos pertencia de verdade.

É como se tivéssemos um juiz dentro de nós. Não percebemos a realidade, só o código. Unimos nosso juiz pessoal com o juízo social e criamos uma forma-pensamento que nos condena e nos absolve em todas as atitudes. Um juiz que só sabe julgar, que tenta fazer as experiências entrarem no quadro de valores aprovados pela moral social. Não há discernimento, não há bom senso; o que vale para um passa a valer para todos.

As diferenças individuais, as experiências, o nível de consciência não contam. Tudo precisa estar na tabela do certo e do errado, dentro dos “tinha de”, dos eu “devia”, como se o ser humano coubesse em algo preestabelecido, como se desconsiderasse toda a individualidade que lhe é pertinente.

Se sabemos disso, por que escutamos? Escutamos porque também aceitamos o erro, porque acreditamos nele. Acreditamos nos mesmos códigos que nos fazem mal. Pegamo-nos dizendo: "Ah! Eu deveria ter ido vê-la, mas não fui porque não tive tempo" ou "Eu tinha de ter feito, mas não tive como, pois...".

Arrumamos desculpas para as coisas que não foram exatamente como foram. Desculpas para atenuar nossa culpa de ser como somos.

Acreditamos que existe um melhor e que, se nos esforçarmos, chegaremos a ser o ideal que imaginamos ser. Pura ilusão! Não existe "ser melhor"; existe "ser". Aquele que acredita que pode ser melhor é porque se julga pior, se julga menos.

Culpamo-nos porque exigimos algo de nós que não podemos ser. Queremos poder o que não somos capazes. Seguimos o preconceito e não a alma. Obsidiamo-nos. Nunca são os outros que nos culpam, sempre somos nós mesmos. Ninguém tem poder sobre nós. Se acolhemos uma acusação é porque demos guarida a ela, demos o controle aos outros. Sendo eles reais ou internalizados em nós.

O corpo e a culpa

Quando trabalhamos com o nosso melhor (o que sentimos como melhor e não o que pensamos), nosso corpo mantém sua capacidade natural de manter-se íntegro. Quando não, psicossomatizamos e produzimos em nós uma série de sintomas, que vão variar em grau e tipos.

Exemplificando, mas sem generalizar, podemos ter doenças venéreas ligadas a culpas sexuais; alcoolismo ligado à culpa por não sermos mais firmes; pressão alta ligada a superexigências; aftas com o fato de sermos muito críticos; miopia ligada à nossa culpa pela vontade de saber.

Nos estudos modernos sobre as psicossomatizações, a culpa é um dos maiores produtores de doenças, pois é uma autonegação. Ela nos fala de autoagressão e é o germe da menos-valia, que nos invade e transtorna nosso sistema. Quem não se ama fica doente. A doença é falta de amor por si.

Quando determinamos que o outro é mais importante do que nós, quando acreditamos que o passado tem força no presente, quando precisamos da piedade do outro e até mesmo da nossa, quando negamos o que sentimos e vamos atrás do que pensamos, abrimos caminho para somatizar culpas e, consequentemente, para doenças, pois negamos a vida.

Escape: escolher viver sem culpa

Do mesmo modo que aprendemos a ter culpa, podemos aprender a viver sem ela.

Culpa, ou não, é uma escolha, isto é, podemos usar nosso arbítrio e optar por tê-la ou não.

Como ela nos traz sensações desagradáveis, tendemos a optar por não tê-la, mas também queremos um caminho a seguir, uma dica que facilite o processo.

A primeira grande dica é: se dê permissão para ser o que é e somente o que é. Aceite-se como é. Ninguém é mais, ninguém é menos. Somos diferentes por natureza e únicos na essência universal. Nosso valor está em ser o que somos, expressando a vida na unicidade e especificidade de nosso ser.

Abandonemos a imagem idealizada, a ilusão, a máscara. Onde existem a mentira e a falsidade, não cabe a verdade. Somos o que sentimos. Quando negamos os sentimentos, negamos a nós mesmos e a vida em nós. Entramos num estado de anestesia, de embotamento de sensações, a ponto de parecermos espectros. Vamos realmente reencarnar? Tomar posse de nós, de nossa verdade?

Outra dica é calar o cobrador que existe em nós. Aquele que vive nos dizendo: "Você não vai fazer?" ou "Você vai se arrepender".

Se realmente queremos ser donos de nosso nariz, temos de aprender a mandar em nossa cabeça primeiro. Decidir o que queremos ou não, dentro de nossa vida mental. Sabemos optar por uma comida que nos faz bem; por que não optar por pensamentos que nos façam bem?

Autogovernar-se, estabelecer um contato mais íntimo com nós mesmos, com nossa alma, com nossa identidade interior, descobrindo aos poucos a verdade por intermédio da vivência, da consciência pessoal.

Quando nos permitimos sentir, descobrimos que o fazemos diferente de outros, mas nem por isso sem a mesma validade. Podemos ter gostos diversos, opiniões divergentes, valores que não cabem nas regras. Precisamos assumir esse sentir. Assumir o que sentimos, os atos e as consequências.

Nossa vida é responsabilidade nossa. Não precisamos de nada nem de ninguém para fazer dela algo agradável de ser experienciado. Vamos nos dar permissão de viver como espíritos livres, em evolução. Espíritos que podem viver sem necessidade de carregar o peso das culpas, sem a necessidade de dificultar o processo de crescimento, de maturidade, pois já temos um nível de consciência suficientemente claro para enxergar nosso processo e poder arbitrar nele.

Vamos viver com mais prazer, colocando nossos pés na realidade que somos e não no sonho que fizemos de nós. Vamos rever nossas crenças, reavaliar nossos valores, traçar novos rumos, escolher novos caminhos. O poder é nosso. Por que sofrer se podemos optar por sermos felizes? Felicidade é aqui e é agora. A culpa nos ancora. Se queremos zarpar, é necessário nos livrar dela.

10 preocupações

O que será que me dá
Que me queima por dentro, será que me dá
Que me perturba o sono, será que me dá
Que todos os tremores me vêm agitar
Que todos os ardores me vêm atiçar
Que todos os suores me vêm encharcar
Que todos os meus nervos estão a rogar...

(Chico Buarque)

Preocupação é uma ideia fixa e dominante, que absorve completamente o espírito, distraindo-o de qualquer outra. É também o estado de inquietação que resulta dessa ideia fixa.

A palavra é formada pelo prefixo "pre-", que significa antes, e do vocábulo "ocupação", que significa trabalho, tarefa, emprego, preenchimento. Daí termos um significado adicional aos anteriores que é ocupar-se de alguma coisa antes mesmo que ela aconteça.

O indivíduo preocupado não permanece no presente; está sempre no depois, no daqui a pouco, no amanhã, no futuro. Seu pensamento se fixa em algo que pode acontecer (algo ruim, lógico), e isso o absorve e o perturba, ocupando-o totalmente. Esse indivíduo quer controlar o futuro ocupando-se com ele agora.

Quem de nós já não se preocupou com alguma coisa? Neste exato momento, se pararmos para refletir um pouco, perceberemos que há uma preocupação a nos incomodar.

Como percebemos isso? Sentindo! Observe seu corpo. Há nele uma sensação, ainda que vaga, de que algo pode não sair como você imaginou? Há nele certo desconforto, certo nível de tensão, que você não sabe determinar com certeza a causa? Isso se chama preocupação.

A preocupação é endêmica em nossa cultura. Nós a enxergamos como sinal de amor, de responsabilidade, de caráter.

Dizemos, por exemplo: "É lógico que eu me preocupo com você, pois eu te amo"; "Se eu não me preocupar, quem o fará?"; "Alguém tem que se preocupar com isso"; "Preocupo-me porque sou uma pessoa responsável"; "Você é uma pessoa que se preocupa com as coisas"; "Ele é um homem correto, preocupado com o andamento dos projetos, dos contratos".

Isso está tão entranhado em nós que, quando não nos preocupamos, já achamos que estamos ficando relaxados, displicentes, alienados. Observe-se neste momento e imagine-se sem nenhum tipo de preocupação, sem nada com o que se preocupar. Como é sentir isso? É estranho?

Logo virá uma voz em sua cabeça a lhe dizer: "Imagine! Não se esqueça de que..." ou "Isso... vai. Vai deixando de se preocupar e verá o que acontece". Nosso barato acaba em dois segundos, pois achamos que é "a voz da consciência" nos chamando para a realidade.

O que será de nós se deixarmos de nos preocupar? O que pensarão de nós se resolvermos não nos preocupar mais? Provavelmente, a vida se tornará um caos e os outros pensarão que tudo é culpa nossa, pois deveríamos ter nos preocupado e não o fizemos.

Os tipos básicos de preocupação

Temos os mais diversos tipos de preocupação, nos mais diferentes níveis. Podemos ir da preocupação com a refeição que faremos à noite a uma ansiedade doentia ou até mesmo a uma neurose.

Vamos tentar agrupar nossas preocupações em núcleos básicos, de modo a facilitar nossa visão. Temos preocupação com:

- nosso saber;
- nosso poder;
- nossa atuação social;
- nossa habilidade;
- nossa pessoa.

Agora veremos em cada um deles os pensamentos que nutrimos e que nos deixam preocupados.

Comecemos com nosso saber. Ficamos preocupados quando precisamos fazer um teste, prestar um exame, falar com um superior, viajar, enfrentar algo diferente, trabalhar com o imprevisto, olhar para o resultado de um exame médico e não entender o que está escrito.

Queremos cercar todas as possibilidades para que não haja erro, não haja nenhum ato não pensado. Consideramo-nos precavidos e espertos por analisar todas as possibilidades de erro ou de distorção da situação.

Quantas vezes já nos pegamos em diálogos mentais? Imaginamo-nos dizendo algo numa determinada situação, e uma pessoa respondendo. Nós retrucamos, cheios de respostas prontas para dar, mostrando nosso ponto de vista, e a pessoa continua a falar. Ela não tem escapatória, pois já fizemos tudo com nossa cabeça. Pode até tentar escapar, mas nós a cercaremos.

Em nossa cabeça, temos perguntas que nos mostram que nossa preocupação está nesse núcleo. Observe se você se pergunta: "Será que estou sabendo educar meus filhos como se deve?"; "Será que saberei responder o que ele me perguntar?"; "E se eu perder a mala, como direi isso a alguém?"; "E se eu não entender o que ele disser?"; "Se acontecer algo diferente, o que farei para resolver?"; "Vai que as coisas não saem como planejei, o que farei?".

Percebeu que são questões que colocam na berlinda nossa inteligência, nossa capacidade de lidar com o desconhecido, nosso conhecimento? Por que será que questionamos nossa inteligência? Por que será que não confiamos em nosso conhecimento ou em nossa habilidade de entender as coisas?

Nós recalcamos ou frustramos esse ímpeto de saber, esse impulso em direção ao desconhecido de maneiras diversas em nossa vida. Quem de nós não escutou, ao menos uma vez, coisas como: "Não vá lá, pois tem bicho-papão"; "Por que você quer saber disso agora?"; "Quero só ver o que você vai dizer quando ele lhe disser não"; "Você tem coragem de perguntar isso?"; "Vão rir de você quando descobrirem que não sabe".

Para não sofrer as possíveis derrotas que nos apontam, preferimos ficar sem saber, sem questionar, sem ir em busca. Ficamos naquela de não tentar para não errar, não sofrer enxovalhos, não bancar o idiota, não dar uma de burro. Ou nos dedicamos ao máximo para que ninguém nos passe para trás, mas sempre na dúvida se isso será suficiente.

Atualmente, quando temos de enfrentar uma situação que exija de nós algum desembaraço, um conhecimento específico, já entramos em pânico imaginando se teremos capacidade ou não para enfrentá-la. Em nossa imaginação, tudo que é ruim pode acontecer se não estivermos com um pé atrás na situação, se não nos prevenirmos.

Ficamos curtindo aquela ideia até que chegue o momento de... É uma conjuntura angustiante, irritante, que só passará quando a situação passar. Se tudo dá certo, condenamo-nos e dizemos para nós mesmos que somos bobos e que nos preocupamos à toa. Se alguma coisa falha, justificamos nossa preocupação e dizemos que tínhamos certeza de que nada sairia legal, que tínhamos razão em nos preocupar. Agimos como se a preocupação pudesse assegurar de algum modo o sucesso ou o fracasso de alguma coisa.

Outro ponto que muito nos preocupa diz respeito à nossa capacidade de domínio, de coragem, de confronto. São aquelas situações em que devemos atuar usando nossa firmeza, nossa fé, e em que devemos contar com nosso apoio, nossa resistência e capacidade de mando.

Ao longo do tempo, fomos deixando esse impulso sem trabalhá-lo, sem desenvolvê-lo.

Frustramos sua expressão, a desviamos, e, quando precisamos dela, não a encontramos.

Ficamos preocupados por não sermos destemidos, por não conseguirmos ser determinados, por não sabermos ser resolutos, por nos encharcarmos de dúvidas e mais dúvidas, sem conseguir tomar uma decisão.

Como fizemos isso conosco? Vamos nos recordar de falas que aceitamos como verdadeiras, ou porque não sabíamos como retrucar, ou porque não podíamos: "Será que você é capaz de dizer-lhe isso cara a cara?"; "Deixe-me falar com seu professor que ele errou em sua nota, pois, se você for, é possível que ele o persiga"; "Cuidado! Não se meta a besta, pois eu..."; "Você não vai conseguir sem mim"; "Não seja orgulhoso. Peça ajuda"; "Ou você cala sua boca ou..."; "Respeite os mais velhos e obedeça"; "Vista um agasalho ou ficará doente. Aí eu quero ver..."; "Você tem uma saúde muito frágil... Cuidado!".

Fomos embutindo nosso poder, subjugando nossa força, refreando nosso impulso de agressividade e hoje, quando precisamos da autoridade que nos é própria, não sabemos onde a deixamos.

Ficamos preocupados em enfrentar as pessoas, em comandar uma equipe de trabalho, não sabemos dar uma ordem a um empregado, ficamos com medo de adoecer, entramos numa situação de impotência e submissão. Pensamos, imaginamos que as coisas podem não dar certo, porque não temos peito para confrontá-las como deveríamos. Preocupamo-nos, sentindo-nos incapazes de assumir uma posição dentro de nossa verdade interior.

Ficamos naquela de "E se...", com medo de errar, de não conseguir, de não manter, de tomar uma posição indevida, de ter de retomar. Tudo para nós é difícil. Não sabemos, não podemos, não ousamos. Só de pensar nas possibilidades de ter de trabalhar numa situação qualquer, na qual nos é exigida uma tomada de posição, já entramos na preocupação, somando a ela a culpa por não nos acharmos capazes e o medo do confronto.

Outro núcleo de preocupações que temos refere-se à nossa maneira de nos relacionar com os outros. Pensamos no amor, no ciúme, na inveja, na amizade, na expressão de nosso afeto, nos relacionamentos íntimos, em nosso gosto.

Você pode estar pensando: "Mas eu não fico preocupada com isso". Vamos ver se não mesmo? Veja se você já não se fez estas perguntas: "Será que sou uma pessoa simpática?"; "Meu Deus, eu rindo e tanta gente passando fome!"; "Será que sou uma pessoa sensível?"; "Sou uma pessoa capaz de compreender e de ser compreendida?"; "Será que vão aceitar o que eu fizer?"; "E se não sair como eles querem?"; "Tenho de fazer tudo perfeito, senão pensarão que..."; "Não quero andar fora de moda. Dirão que..."; "O que vão pensar de mim se eu falhar?"; "Será que sou mesmo amada?"; "E se o outro não gostar?"; "E se eu me contaminar com o HIV"?

Encaixou-se em algumas perguntas? Já nutriu esse tipo de preocupação? São preocupações de pessoas que se acham imperfeitas, que mantêm aquele pensamento de que alguém pode não gostar de... É como se fôssemos um erro com duas perninhas andando pelo mundo. Não sabemos quando estamos agradando ou não, se precisamos agradar, se magoamos, se estamos certos em abraçar, se estamos errando em fazer amor desta ou daquela maneira.

Esse tipo de preocupação advém do desvio de um impulso básico em nós que, em nome de normas e regras, acabamos por sufocar. É o impulso para o prazer, para a vida, para a relação. Pensamos... pensamos... em fazer o certo, o adequado, o correto e esquecemos que temos sensibilidade. Calamos nosso *feeling*, nossa capacidade natural de percepção sensorial, e acabamos enrijecendo nosso corpo sensível.

Agora, quando uma situação dessas aparece, preocupamo-nos, pois estamos dependentes de regras. Regras que talvez possamos esquecer. Como deixamos a sensibilidade de lado, deixamos também a flexibilidade e o jogo de cintura.

Temos também preocupação com nossa capacidade de atuação, nossa habilidade de resolver problemas, nossa aptidão para determinadas situações. Assim, nós nos questionamos: "Será que terei competência para assumir esse cargo?"; "Será que não serei passado para trás nesta situação?"; "E se me puxarem o tapete?"; "O que farei se não souber lidar com esse aparelho?"; "O computador não me entende..."; "E se o carro enguiçar, o que farei?"; "Não sou ágil o quanto precisaria para..."; "Talvez eu não consiga fazer o que me pedirem".

São questões que põem em xeque nossa habilidade, nossa destreza, nossa perícia. Os sentimentos de realização, de aspiração foram cerceados e agora, quando precisamos deles para levarmos adiante uma empreitada, preocupamo-nos, pois não sabemos como ir buscá-los para nos ajudar a chegar a contento ao ponto que queremos.

A sensação é de total inadequação. Sentimo-nos não preparados, não aptos para sair de algo que se coloca à nossa frente. Não raro, já nos damos por vencidos, fracassados, repletos de dificuldades e de incertezas.

Isso nos incomoda e nos atormenta, mas, como requer habilidade para sairmos do problema, habilidade que nós negamos, entramos num círculo vicioso, que, embora seja desvantajoso, porque não resolve a questão, evita também que aprendamos a confrontar e adquirir a capacidade para o que, de certa maneira, é uma vantagem, pois nos tira a responsabilidade sobre nossa vida. É mais fácil dizer "Não tenho culpa. Não fui eu que quis assim".

Podemos ir agora a um último grupo de preocupações. São as que temos em relação à nossa pessoa, à nossa individualidade, a sermos nós mesmos. Quantas e quantas vezes já nos questionamos sobre nós? Quantas e quantas vezes já não perdemos noites de sono nos perguntando se somos normais?

Parece que apenas nós temos esse tipo de preocupação, compartilhada, na maioria das vezes, exclusivamente com o travesseiro ou com o espelho. As pessoas à nossa volta parecem tão felizes e satisfeitas com elas mesmas, enquanto nós temos tantas coisas a reformular, mudar, para sermos um pouco melhores do que somos.

Pensamos em mudar algumas coisinhas e acreditamos que com isso resolveríamos nosso problema. Pensamos assim: "Se eu fosse um pouco mais magra, talvez..."; "Se eu fosse um pouco mais gorda, talvez..."; "Se eu fosse um pouco mais charmosa, talvez..."; "Se eu fizesse uma plástica, talvez eu fosse mais..."; "Vou fazer o curso, pois assim vou melhorar e evoluir"; "Se eu não fizer, para que eu sirvo?"; "Para alguma coisa eu presto..."; "Sou muito tímida. Não sei me expressar como os outros"; "Faço, faço, mas não fico satisfeita...".

E dentro desse esquema há milhares de outras falas, ou melhor, de outros pensamentos torturantes de não aceitação, de rejeição, de baixa autoestima, de falta de amor por si. Preocupações que giram em torno de uma presença massacrada por valores que não lhe pertencem.

Preocupamo-nos com a aparência, em sermos melhores para os outros, em não chamarmos atenção demais, não queremos ser ridículos, passar por vexames, ser advertidos em público, ser avaliados, observados, questionados. Tudo que diz respeito à nossa pessoa nos causa uma ansiedade e uma sensação de que, de uma maneira ou de outra, estaremos prontos para falhar em algum ponto.

Surgem a vergonha, o medo, a depressão, a tristeza, a angústia, a culpa. Sensações de inutilidade, vazio interior, abandono. Muitas vezes, ficamos no fazer, fazer, fazer. Outras, entramos no ter, ter, ter. Tudo fora, pois dentro não há nada que achamos que valha a pena.

O mecanismo da preocupação

Se neste momento você reler os principais grupos ou núcleos de nossas preocupações, notará que eles têm coisas em comum. Percebeu isso? O que será que esses núcleos têm em comum?

Primeiramente, todos eles trabalham apenas com o pensar. É valorizado somente o que se pensa sobre e não o que se sente em relação a.

Em seguida, para ampliar a dificuldade do primeiro, os pensamentos são todos catastróficos, isto é, não imaginamos coisas boas acontecendo, mas algo terrível, que põe em aberto nossa pessoa.

Ficamos sem proteção alguma, portanto, montamos um montão de defesas para nos sentir mais seguros. Quanto mais defesas levantamos, mais problemas criamos.

Criamos tantos problemas que acabamos acreditando que eles fazem parte da vida. Que as dificuldades sempre existem, sempre existiram e sempre existirão. Conclusão: as coisas são porque cremos. Então, com nossas crenças, materializamos à nossa volta todas as situações terríveis que imaginamos.

Com situações tão difíceis a serem resolvidas, achamos razoável que fiquemos preocupados. Você não acha?

Aprendendo a não se preocupar

Não aprendemos ou nos recusamos a aprender que vida só faz sentido no presente. Não podemos predizer o futuro. Não é com nossa preocupação que vamos segurá-lo ou torcê-lo de nosso jeito.

De nada adiantará gastarmos nosso dia de hoje ou nossa noite de sono recuperador para resolver um problema que só será resolvido se o enfrentarmos de verdade e não com nossa imaginação.

Trabalhamos com nossas ilusões, com nossas fantasias, queremos segurança, certeza. Queremos que tudo saia como imaginamos que tinha de ser e não como é na verdade. Cercamos todas as possibilidades de algo não dar certo, já imaginando o que podemos fazer, qual será a escapatória para a situação, qual é o remédio para o que não tem remédio.

Vamos atrás de ideias e não da confiança em nós e em nosso sentir. Se trabalhássemos com mais afinco com nós mesmos, se mantivéssemos um contato mais íntimo conosco, saberíamos como agir. Confiando em nossos sentidos, em algo maior que nós, indo mais além, não da imaginação, mas do convencional, tendo mais garantia em nós mesmos, no invisível, mais fé na vida, não precisaríamos nos ocupar previamente com nada, pois saberíamos de antemão que, se um problema surge, com ele nasce também a solução.

Todas as respostas moram em nós. Precisamos nos dedicar a aprender a ler a linguagem da alma. Faça um teste e observe a reação de seu interior. Pare agora e questione-se. Pergunte à sua alma sobre alguma coisa que o preocupa... Escutou a resposta? Sim ou não? Se você não confia, aposto que ficou em dúvida se foi sua alma mesmo quem respondeu. Talvez não seja bem a resposta que você esperava, não é?

Tudo na vida é treino, aprendizagem, desenvolvimento. Dê a si mesmo a chance de aprender um modo novo de lidar com as coisas. Permita-se ser menos tenso, menos problemático, menos ansioso. Permita-se mudar sem sofrimento e sem cobrança. Ocupe-se de si mesmo, de suas atividades, das pessoas. Quem se ocupa não tem tempo para preocupar-se.

Faça de seu dia um dia de realização, de satisfação, um bom dia, não porque deu tudo certo, mas porque você fez o seu melhor. Porque, na medida de seu possível, no limite de sua compreensão e capacidade, você deu o que podia. Você não é o que faz, não é o que tem, não é sua capacidade. Você só é você e vale só por isso; o resto é apenas acréscimo.

Viva no presente, único tempo possível; o futuro ainda não chegou. Estar nele agora é estar em transe. Fique no aqui e no agora. Não perca seu presente, prendendo-se a um futuro que ainda não existe.

Se o Universo e a Vida nos quisessem predizendo o futuro, teríamos órgãos receptores para captá-lo. No entanto, temos os cinco sentidos que só trabalham no presente e é com eles que devemos viver.

Não vamos nos atormentar por algo que foge ao nosso controle. Vamos tirar o mal de nossa cabeça, nos livrar do que é negativo, parar de dar ênfase ao que é ruim, parar de investir na catástrofe. Vamos ousar, sentir e pensar diferente, nos dando a chance de ficarmos ao lado do bem. Experimente para ver se isso funciona.

O referencial da verdade é algo interno em nós. A verdade é a nossa crença. Vamos materializar nossa realidade e não a ilusão alheia. Se podemos optar, por que escolhemos o que é difícil? Não é mais vantajoso optar pelo que é fácil?

Não precisamos compactuar com o mundo para estar nele. A bem da verdade, só podemos participar dele e contribuir com seu desenvolvimento se não estivermos com o mundo interiorizado em nós. A dignidade espiritual está em viver a própria verdade.

Vamos trabalhar nosso crescimento, confrontar nossos medos, desmitificar nossos núcleos de preocupação, usando nosso poder interior de entusiasmo, de ousadia. Apoiados em nossa própria garantia, em nossa fé incondicional, podemos ser destemidamente nós mesmos, fazendo o que podemos, o que sabemos e até onde podemos.

Ficar conosco mantém nossa integridade, nos dá a segurança necessária para atuar onde for preciso, sem ansiedade ou tormentos inúteis. Quando assumimos o que somos, a vida se apoia em nossa conduta, e as forças cósmicas fluem a nosso favor.

Ah! Quer dizer que, se eu pensar assim, não passarei por mais nada na vida? Então, vou pensar assim! Errado! A vida não vai pelo que você pensa, vai pelo que você veste, por sua postura interior. Se sua postura é de "toma lá, dá cá", a vida entende que você gosta de comércio de favores, então, só o beneficiará se você fizer o mesmo. Ela o tratará como você se trata. É preciso sentir. Sentir a autogarantia, o poder interior, a verdade pessoal. Ter o coração aberto para o novo, para as mudanças, para a vida.

Não precisamos nos segurar em nada e em ninguém para sermos felizes. Precisamos de nós e de nosso aval. Se nos dermos o certificado de poder, se afiançarmos nossa pessoa, tudo será mais fácil e fluirá com mais tranquilidade, pois somos nós que estamos no leme.

11
raiva

Por favor, deixe em paz meu coração
Que ele é um pote até aqui de mágoa
E qualquer desatenção, faça não
Pode ser a gota d´água.

(Chico Buarque)

Tudo o que existe, que está criado, tem uma função positiva, útil. Não existem coisas inúteis. Tudo é passível de aproveitamento, de utilização. Mesmo o que não consideramos não ter mais utilidade, pode ser reaproveitado de outra forma. A reciclagem do lixo é um exemplo disso, não é?

Renovamos valores, ideias, crenças, e por tudo isso mudamos. Mas, enquanto eles nos forem adequados, nós os usamos. Tudo o que sentimos tem uma razão em nós e serve para alguma coisa. Podemos não saber para que serve ou usar de modo inadequado, no entanto, isso não desfaz a função daquilo que sentimos.

Entre as múltiplas emoções que temos, há uma em especial que não consideramos correto sentir, mesmo que esta se faça presente. Essa emoção é a raiva. Como admiti-la sem nos sentirmos atingidos? Como um ser humano, tão bom quanto nós, pode sentir algo tão feio? Como olhar para nós mesmos e descobrir que somos possuidores de energia tão destrutiva?

Alguns de nós admitem a raiva e a vivenciam, mas nós já os olhamos de maneira temerosa, pois podemos fazer o outro explodir com qualquer coisinha que fizermos. É tão constrangedor um acesso de raiva, não é?

Preferimos encobrir nossa raiva. Fingimos que não a sentimos, mas ela vai saindo aos poucos.

Como? Nas formas socialmente aceitas, nas formas ditas normais. Assim, não somos pessoas raivosas; somos um pouco implicantes, impacientes, críticas, mas quem não é? Outras vezes, nos lamentamos ou nos queixamos dos outros, mas tem hora que não dá, não é mesmo?

Disfarçamos a raiva também com padrões de comportamento, como timidez, constrangimento, vergonha. Sentimo-nos acuados, observados, e que a qualquer momento podemos dar um fora. E como vamos ficar?

Mas então não tem jeito de segurá-la?

Não! Não tem. A raiva será vivenciada de uma maneira ou de outra, mas será experienciada. Você pode estar se questionando por que precisamos dessa energia, já que ela nos faz tão mal.

Então, vou lhe fazer uma pergunta: o que você acha de uma faca? Ela é útil ou perigosa? Depende, não é? Se for para cortar um pão ou um bom bife, ela certamente nos é bastante útil. Mas, se não tomarmos o devido cuidado, ela pode nos cortar o dedo. Além disso, podemos matar com a faca, e, para quem faz uso dela para esse fim, ela é muito útil, concorda?

A raiva é uma energia básica. Ela existe em todos nós, quer aceitemos ou não esse fato. O problema não está na energia, mas no modo como a encaramos e usamos. Igual à faca. É só um instrumento. Como vamos aproveitá-lo é o que determina sua função.

Todos os animais, inclusive nós, são providos dessa energia. Se todos a temos, é porque ela é útil e necessária à nossa vida. A raiva é boa, então? É! Tem função? Tem! Qual é a função dela na natureza?

A raiva é uma energia de destruição, de transformação, de força, de defesa, de domínio, de firmeza, de alerta. É um impulso! Um impulso natural da vida em nós.

Se a tomamos como um impulso ruim, ela se faz ruim. Se a tomamos como um impulso positivo, ela atua de modo positivo. Portanto, a raiva não é boa nem má; tudo depende do que faço com ela. Somos nós que damos a forma.

Há dois modos básicos de usar essa energia. Podemos exprimi-la, desviá-la, recalcá-la, que são modos pouco lúcidos de lidar com a raiva, ou usá-la adequadamente. É lógico que o modo como a usarmos determinará se a utilizaremos a nosso favor ou contra nós. Vamos olhar cada maneira, em separado, e observar os resultados que podemos obter.

Exprimindo a raiva

Ficamos "cegos de raiva", "loucos de ódio", quando alguém resolve ser diferente do que imaginamos. Assim, se as pessoas falam o que não queremos escutar, são sarcásticas, frustram nossas expectativas, nos magoam, importunam, fazem nos sentirmos ridículos ou um outro processo qualquer, logo nossa raiva é acionada e explodimos em defesa de nossa pessoa, tentando colocar o outro no lugar dele.

Por que fazemos isso? As pessoas são o que são, disso nós sabemos. O mais correto seria se elas fossem do jeito que imaginamos que elas deveriam ser, não é?

Para entender o porquê desse nosso comportamento, precisamos olhar o que defendemos tanto. Temos uma imagem a nosso respeito, uma imagem idealizada, construída com nossos pensamentos. Há nela muitos aspectos pertinentes à nossa pessoa que consideramos negativos, então, fazemos de conta que tais aspectos não nos pertencem. Quando alguém, por qualquer motivo, toca num deles, disparamos nossas defesas para que esse aspecto não seja visto.

Vamos exemplificar. Se tenho uma ideia negativa sobre minhas habilidades profissionais, me considero uma pessoa pouca criativa ou não acredito verdadeiramente em meus potenciais, fico, de alguma maneira, dependente da opinião alheia sobre o que faço. Os elogios me elevam e me dizem que é assim que se faz. As críticas, contudo, me rebaixam e me mostram minha inaptidão.

Faço, então, o possível e o impossível para que tudo saia do modo mais perfeito. Não pelo prazer de fazer as coisas com capricho, mas para que não haja dúvida sobre a minha capacidade. Ora, se depois de tanto sacrifício alguém chega e me mostra um defeito ou diz que não era bem daquele modo, tenho um acesso de raiva. Ela não sabe de minha dedicação, não me valoriza.

Na realidade, ela só tocou em meu calcanhar de Aquiles, em meu ponto fraco. Tudo começa e termina em nós. Não é do outro que sentimos raiva, mas de nós mesmos. O outro nos mostra o que temos de destruir em nós. No caso que vimos, destruir uma ideia negativa a respeito de nossa capacidade de fazer, de nossa responsabilidade.

Direcionamos para fora uma energia que poderia estar sendo usada para nossa transformação interior. Jogamos fora um cabedal enorme de força. Desperdiçamos a raiva, defendendo os sintomas, e não a usamos para cuidar da causa.

Desviando a raiva

Aprendemos que a raiva é feia, que pessoas bem-educadas são boas, controladas, sempre dispostas e não magoam ninguém. Não queremos ser vistos como agressivos, mal-educados, dominadores, então, quando o impulso chega, nós o desviamos para que ele tenha outra aparência.

Implicamos, ficamos irritados, criticamos, fazemos queixas, lamentamo-nos, tornamo-nos impacientes ou, o que é muito comum, projetamos nos outros. Eles nos deixaram daquele jeito, nos irritaram a ponto de termos um acesso de raiva. Gritamos porque não havia outra maneira de a pessoa entender.

Não vemos a raiva como algo nosso, mas como algo que os outros nos provocam. Como eles ousam ser diferentes de nós? Como não entendem e não agem como agimos? Será possível que não sabem como devem ser para que possamos nos sentir satisfeitos?

Que modelo temos dentro de nós para agirmos dessa maneira? Que tipo de ilusão alimentamos para exigirmos isso? Provavelmente, as mesmas ilusões que temos a nosso respeito. Ilusões do que deveríamos ser. Como sabemos que não somos, mas não queremos deixar que isso transpareça, ficamos nos controlando, bancando os bonzinhos, sendo desonestos, desculpando-nos, segurando-nos, ficando chateados.

Não confrontamos diretamente. Fazemos simples comentários a respeito do outro. Não dizemos que não queremos; dizemos que não conseguimos. Preferimos calar, fazer voto de silêncio, matutar a ter de enfrentar. Estamos sempre na corda bamba, tentando de alguma maneira disfarçar um impulso que vem para nos transformar, mas que nós usamos para nos conformar. Distorcemos, mascaramos para o que realmente somos não aparecer.

Recalcando a raiva

Quando negamos a raiva, isto é, quando bloqueamos nosso impulso agressivo não deixando que ele se mostre, é como se disséssemos para nós mesmos: "Não sinta assim". Empurramos para dentro, inconscientizamos. Tiramos nossa atenção dele, fazemos de conta que nunca existiu.

Como empurramos para o inconsciente, ele volta invertido (lembra-se de quando falamos sobre o mecanismo do medo?). Os impulsos de vida, queiramos ou não, se fazem presentes, se não da maneira adequada, de outro modo qualquer. Tememos a sensação da raiva e o que ela nos mostra sobre nós. Escondemos, reprimimos, no entanto, ela continua se fazendo presente. Não dá para fugir. A sensação está ali, mostrando, mostrando, mostrando...

O que acontece quando reprimimos a raiva? Perdemos o domínio, ficamos fracos, impotentes, constrangíveis, inseguros, medrosos. "Ah! Mas eu não sou assim!" Não? Vejamos se não. Reflita: você é uma pessoa que se envergonha com facilidade? É uma pessoa tímida? Tem tendência a tomar muito remédio? É indisciplinada? É uma pessoa magoável? É desatento? É moralista? É depressivo? Você se sente vítima em algumas situações?

A vergonha, a timidez, a hipocondria, a indisciplina, a mágoa, a desatenção, a depressão, o vitimismo são sintomas de recalque da raiva, que nos mostram o que não estamos querendo ver.

Outra maneira de percebermos isso é por meio das somatizações. Nosso corpo nos mostra, bem concretamente, o modo como estamos agindo conosco. Ficamos doentes, mas não largamos nossas ilusões. Problemas na pele, queimaduras, circulação, pressão alta ou baixa, reumatismo, úlcera, acidentes, depressões, dentes, as "-ites" em geral (bursite, amigdalite, otite, hepatite).

Que motivos temos para não permitir que esse impulso se faça presente? O que será que ele quer nos mostrar e que nós não permitimos? Por que será que não permitimos? Que tipo de crença nutrimos a nosso respeito? O que tanto escondemos? O que tanto defendemos?

Temos um conjunto de ideias e pensamentos que estruturam nossa vida, nossa pessoa, nossa identidade. Qualquer ameaça a essa estrutura nos desperta um estado de alerta, acionando em nós o combatente. Mas, como já dissemos, a vida não é sádica, não nos pede senão aquilo que podemos dar. Então, por que nos defendemos? Porque, já tendo maturidade para irmos para a frente, para pensarmos de outra maneira, ficamos apegados ao antigo, ao velho, pois ele é seguro. Segurança idealizada, mas segurança. Prisão dolorida, mas dourada.

Usando a raiva adequadamente

Como falamos no início do tema, tudo que está criado tem uma função na vida. Qual será a função positiva da raiva? Que bem pode nos trazer uma energia tão forte, às vezes tão destrutiva?

Há em nós muitas coisas que precisam ser destruídas, modificadas, para que possamos ter uma vida mais plena. A raiva quer destruir os pensamentos viciosos, os temores, o negativismo, o conformismo. Quer destruir as atitudes que nos tornam vulneráveis ao mundo.

É uma sensação em defesa de nossa alma, para que paremos com nossas ilusões, com nossos "deveria". Ela quer acabar não com as coisas lá fora, mas com nossos preconceitos, nossos falsos valores, com a negação de nossa pessoa. A raiva ataca tudo aquilo que nos é nocivo.

Ela é um impulso natural de poder e de domínio da alma. A raiva atua com sua força onde precisamos de firmeza e coragem. É com essa energia que confrontamos a nós mesmos e é com ela que mantemos a atenção, a disciplina interior, o autoapoio, a coragem de sermos únicos. Nossa compreensão, inteligência, concentração são mantidas pela raiva, pelo poder de direcionamento que ela possui.

A raiva nos tira dos sonhos de grandeza, das ilusões perturbadoras e alienantes. Fazemos uso adequado dela quando a aplicamos para encarar a realidade à nossa volta. Ela nos auxilia a tirar de nós a mania de querermos ser ideais e de querermos que os outros também o sejam.

Sabe aquele sentimento de rejeição que experimentamos? Imediatamente, vem uma sensação de raiva junto, não vem? Ela vem para que possamos perceber o que estamos fazendo conosco, desvalorizando-nos, deixando-nos para trás por causa da opinião ou da atitude alheia. Se soubermos usá-la de maneira adequada, imediatamente nos firmamos, tiramos o mundo de dentro de nós e compreendemos que as pessoas são diferentes e que podem agir independentemente de nossa aprovação.

Os pensamentos contrários são afastados, e a raiva nos ajuda a ficar conosco. Não destruímos o ruim fora; destruímos dentro. Rompemos as barreiras de um ego magoável para sermos pessoas que se assumem como são. Saímos do mimo, do coitadinho de mim, do orgulho. Que energia fantástica!

Ela defende nossa integridade e nos auxilia a ir "à luta". Para sermos pessoas seguras, necessitamos estar em contato com nossas forças interiores, nos apoiar na convicção de que temos energia fluindo para que isso ocorra. A atitude de empossar-se dessa energia nos põe de pé na vida. Se aprendermos a lidar com ela, não a desperdiçando em defesas inúteis, não a desviando ou recalcando-a, daremos maior amplitude à nossa liberdade, mantendo o fluxo da vida em nós, com coragem, entusiasmo e firmeza.

Exercícios para detectar a raiva

Às vezes, sentimos raiva e não sabemos exatamente o porquê. Geralmente, dizemos que o outro nos deixou naquele estado ou dizemos que não somos pessoas que sentem raiva. Como todos nós sentimos raiva e temos motivos para senti-la, aqui vão algumas questões que podem nos auxiliar a descobrir onde ela está e o porquê.

— Você se sente irritado quando as pessoas são falsas, mentem ou lhe passam a perna?

Se a resposta foi sim, experimente verificar se você não faz isso consigo mesmo. Só reconhece quem conhece, portanto, se você se sentiu enganado é porque se engana também. Quando o outro faz, aciona aquilo que está dentro de nós. Aciona o enganador interior.

— Você é daqueles que preferem calar a confrontar?

Se é, pergunte-se por que não confronta. O que você teme? Ou ainda que tipo de vingança você está martelando em sua cabeça? Você adora que o outro se sinta culpado, não adora?

— Você costuma ficar com raiva quando as pessoas não fazem o que você espera que elas façam?

Experimente olhar o controlador interior, o certinho, o bonzinho, aquele que nunca diz não para ninguém. Olhe para si e veja se você se permite ser como é ou se entope de expectativas sobre si mesmo.

— Você é daquelas pessoas que vivem com raiva? Daquelas pessoas que se enraivecem com tudo? Com o trânsito, o farol, a fila do banco, as contas, os impostos?

Já observou como você se sente roubado pela vida, enganado, ludibriado? A vida não é como você quer, não mesmo. Ela é o que é. Será que você é o que é? Quanto você rouba de si para parecer ser o que não é? O quanto se engana, em nome de normas ou regras que você acha que tem de seguir?

— Você fica com raiva da sociedade em que vive? Fica com raiva das cobranças do social?

Observe como você é igualzinho. Observe como você adora fingir que sabe seguir regras, estar dentro do contexto. Você não assume sua verdade. Imagine o que os outros vão pensar de você. Você se prende, se cerceia e depois acha que a culpa é do social. É a sociedade que é falsa. Não tira os outros de si e reclama. Não se assume e se vitimiza.

Quando quisermos descobrir nossa raiva, é só observarmos nossas queixas, nossas tristezas, nossos medos. São situações distorcidas, ilusórias, irreais, situações que a raiva quer colocar em ordem, pôr disciplina; dominar para poder transcender.

Vamos libertar nossa percepção, nos desapegar de pensamentos e fatos que nos limitem. Largar o velho, o que não nos serve mais. Temos força para isso. Uma força interior que nos capacita a ir por nós mesmos, sem necessidade de apoio de ninguém.

Vamos transformar a raiva em coragem para viver de nós mesmos. Nossa agressividade em garra, em firmeza. Vamos moldar essa energia de modo que ela trabalhe a nosso favor, sendo agente de transformação.

Vamos trazer para nosso cotidiano a iniciativa, o direcionamento, a capacidade da tomada de decisão, a determinação. Precisamos nos tornar conscientes do potencial de vida que temos, cocriadores e coparticipantes do Universo que somos e do qual participamos. Estimulando, clarificando, realizando, semeando...

12
orgulho

> *A vaidade é assim*
> *Põe o bobo no alto*
> *E retira a escada*
> *Mas fica por perto*
> *Esperando sentada*
> *Mais cedo ou mais tarde*
> *Ele acaba no chão.*
>
> (Billy Blanco)

O homem é um animal que se diferencia dos outros animais pelo fato de se autoperceber, isto é, percebe e percebe que percebe, podendo por esse motivo refletir sobre suas percepções. Ele passa, então, a construir uma estrutura sobre sua pessoa, selecionando o que lhe serve, descartando o que não lhe serve, adaptando-se à sua cultura ou à sua sociedade.

Essa estrutura ou personalidade é uma maneira que ele organizou para captar as energias à sua volta e expressar sua maneira particular de experienciar as coisas.

São realidades particulares e, portanto, relativas. Cada qual com seu nível de consciência. O que é consciência? Como ela atua em nós?

Consciência é uma realidade subjetiva, uma energia psíquica pessoal que reconhecemos por suas manifestações em nosso comportamento. É a parte que conseguimos captar de um princípio único, supra-individual. É a parte da Verdade que conseguimos entender e trabalhar.

Todos nós já escutamos: "A felicidade está nos olhos de quem vê" ou "A vida tem as cores com as quais nós a pintamos". São frases que nos falam sobre a capacidade pessoal de observar, de ver. Da mesma maneira dizemos "O orgulho é cego", que nos fala da incapacidade de ver. Juntando os dois, percebemos que o infeliz é orgulhoso, porque é cego, porque não tem a capacidade de ver as coisas boas e felizes da vida. Não tem olhos para o bem, só para o negativo.

Orgulho é uma maneira pela qual olhamos a vida, uma maneira de interpretar o que nos acontece. É um estado de consciência em que a ilusão domina. E por que a ilusão domina? Porque estamos trabalhando com nossa imaginação, com o que supomos e não com o que sentimos, com o que nossas percepções captam de maneira distorcida. Vivemos da interpretação de nossas ideias.

É como se estivéssemos num palco, interpretando um papel, representando um personagem, sem nos atentarmos para o fato de que não somos o que interpretamos. Sem prestarmos atenção ao fato de que nossos sentimentos são outros, de que nossa verdade é outra. Incorporamos o personagem e passamos a achar que suas emoções e seus sentimentos são nossos.

Não percebemos a realidade e, quando ela chega — e sempre chega —, dizemo-nos decepcionados, desiludidos. É como se tivéssemos interpretado para uma plateia vazia ou, o que é mais dolorido, descobrimos que, quando recebemos aplausos, eles não foram para nós, mas para o personagem que acabamos de representar.

Dói, dói muito. Todas as dores físicas, emocionais e mentais vêm desse estado de ilusão, que impede nosso fluxo vital. Vêm desse estado em que o pensar se sobrepõe ao sentir. Carregamos uma sensação de frustração, de vazio interior, de falsidade, de inexistência. Não há motivação real. Perdemos a ligação com o centro interior, perdemos a posse de nós.

No estado de orgulho, não percebemos a realidade e é por isso que arrumamos problemas, dificuldades, sofrimentos. A ilusão acaba na desilusão. Desilusão é a chegada da verdade. Não é a verdade que dói; o que dói é descobrirmos que vivemos de ilusões até aquele momento.

Entrando no estado de orgulho

O orgulho não é defeito, não é qualidade. É um estado particular, com um modo típico de ver, de pensar, de interpretar. Em diferentes situações na vida, em diferentes momentos, permitimo-nos entrar nesse espaço e ver dali o que acontece à nossa volta. Vejamos o que ocorre conosco.

Aspiramos a algo por imaginar que ele seja bom. Não nos perguntamos se é bom para nós, mas, se o mundo diz que é bom, deve ser. Queremos e pronto! Quando conseguimos, damos uma lustrada em nosso ego. Achamo-nos maravilhosos, não é verdade? Vejam! Vejam como sou bacana! Queremos o aplauso dos outros, a consideração por nossa luta. Na maioria das vezes, nem ao menos nos perguntamos se estamos satisfeitos com o que conseguimos, pois satisfação é coisa da alma, e ela, a essa altura, está muito longe de nós. Se não conseguimos, carregamos a frustração de não ter alcançado o objetivo. Imagine o que os outros vão pensar de nós! Vem uma sensação ruim de negatividade, de fraqueza, de incapacidade.

Queremos parecer ser o que não somos, pois imaginamos que assim seremos aceitos. Assim, bancamos o inteligente, o esperto, o sensual, o habilidoso, o forte, o controlado. Não somos, mas representamos que somos. Quem de nós não gosta de ser visto como o certinho, o bonzinho, o legal? Vivemos em função da execução, do desempenho na vida, na profissão, nos relacionamentos. Ninguém pode dizer nada sobre nós, pois tudo o que fazemos é com a melhor das intenções. Ficamos vigiando a opinião dos outros, a possível rejeição. Fazemos pose para quê? Fazemos pose para quem? O que, ou quem, é mais importante que nós? "O mundo", responde nossa cabeça.

Desejamos coisas para dizermos depois que as temos. Compramos, compramos, porque é moda, porque não podemos ficar por fora. Já reparou em quantas coisas nós já adquirimos e nem ao menos chegamos a usar? Só pelo prazer de dizer: "Eu tenho". O pior é que não acontece só com as coisas. Fazemos isso com as pessoas também. Colecionamos amigos de quem não gostamos, mas precisamos mostrar que temos grandes relacionamentos. Arrumamos namorados, porque todas têm, então, também queremos. Casamos para não ficarmos solteironas. Permanecemos no mesmo casamento, arrastando-o sem amor, porque, afinal, temos um marido.

Comparamo-nos e dividimos o mundo em gente acima de nós e gente abaixo de nós. Para quem está acima, fazemos mesuras e considerações. O chefe é o chefe. O doutor é o doutor. Falamos: "Ah! Ele é uma sumidade, uma pessoa importantíssima!". Para quem está abaixo de nós, só temos críticas, falta de respeito, descrédito, desprezo. Em nossa visão, o outro é reles, sem valor, é sobra. Já ouvi pessoas se referindo a outras como "projeto de gente".

Tornamo-nos medrosos, cheios de defesas, de proteção, pois qualquer coisinha pode atacar essa pessoa insegura e pequena que imaginamos ter dentro de nós. Gastamos uma carga energética enorme, pensando que estamos nos protegendo, quando, na realidade, estamos protegendo nosso orgulho. Temos vergonha de nos expor, de falar o que realmente sentimos. Não confrontamos, não dizemos não, somos desonestos. Agimos como todo mundo: queremos ser "normais".

Entramos na luta pelo mando, para dominar, nem que para isso tenhamos de nos espremer mais para podermos manipular. É por orgulho que nos tornamos impotentes, vítimas, tímidos, cheios de desculpas, mentirosos. É por orgulho que nos tornamos moralistas, doentes, cheios de culpas, repletos de preocupação, solitários.

Nosso ego pede a paparicação, a adulação, o elogio. Adoramos ser obedecidos, aplaudidos, vistos como grandes e capazes. Queremos ser mimados, animados, acariciados. Queremos, em nossa própria linguagem, "lustrar o ego". É engraçado! Sabemos bem a diferença entre um aplauso sincero e um que é superficial. Sabemos a diferença entre uma qualidade reconhecida e uma personalidade inflada. Aí, embora estejamos com o "ego lustrado", não existe satisfação real, não é?

O orgulhoso aprecia que todos pensem bem dele. Ele quer mandar nos ouvidos do outro, na boca do outro, nos olhos que o olham, nos pensamentos que têm sobre ele, no que sentem em relação a ele. Você não fica chateada quando falam mal de você? Não fica chateada quando ouve uma crítica? E quando não gostam de sua roupa? E quando desaprovam uma atitude sua? Dá um ódio, não dá? Como os outros ousam ser diferentes de nós! Como podem não pensar igual a nós?

Ficamos magoados, ressentidos, melindrados e sofremos porque somos incompreendidos, porque as pessoas não têm coração, não sabem ver o valor das coisas, porque a vida não é como imaginamos e as coisas não saíram de acordo com nossas expectativas. Será que Deus não enxerga o que fizeram comigo? Ficamos com nosso orgulho ferido, machucado.

Alimentamos nosso orgulho e o orgulho alheio. Não falamos para não magoar, não confrontamos para não chatear, não discordamos para que o outro não fique com raiva de nós. Dizemos que é melhor uma mentira suave a uma verdade dolorida. Mas, por trás, descarregamos tudo e mais alguma coisa. Fazemos "pequenos comentários sobre o comportamento humano".

Com as fantasias tresloucadas do orgulho, fazemos drama, criamos problemas, arrumamos dificuldades, doenças, traumas. Tudo se torna uma luta, uma batalha, em que nós, heroicamente, teremos de agir em prol do bem-estar de todos. Damos uma importância exagerada a tudo, pois, quanto mais a coisa for importante, mais importante também seremos. Já reparou em como gostamos de parecer heróis?

A verdade lá de dentro

Quando queremos parecer ser o que não somos, nossa expressão fica reprimida, sufocada. Nossa verdade fica aprisionada, e nossa presença, retida. Parece que nos embutimos inteiramente, que nos apagamos. Ficamos sem talento, sem criatividade, sem fluxo. Carregamos um peso morto, uma sensação de frustração, uma angústia. Trabalhamos para nossa infelicidade. Gastamos tempo e energia para manter algo falso e sem nenhum sentido.

Tiramos nossas oportunidades de crescimento, de experiências, porque temos medo de que a verdade apareça. Prendemo-nos, seguramo-nos, desencaixamo-nos, por não querermos ser ridículos, fazer feio. Perdemos a nós mesmos para ganhar os outros e no fim ficamos sem nada, vazios.

Andamos sempre armados, mascarados, nervosos, ansiosos, pois, a qualquer momento, podemos dar um fora e ser enxovalhados. Repare como você se comporta quando há uma festa na família. Você não fica logo imaginando o que estarão pensando de você? Não se comporta com toda a *finesse* do mundo para que ninguém possa falar nada?

Não entra em parafuso se não tiver uma roupa à altura? E se alguém não gostar do que você serviu? Só de imaginar, isso mexe com seus nervos, não é?

Para podermos controlar tudo, nos tornamos ditadores de nossa pessoa e dos outros. Cobramos muito de nós. Enchemo-nos de obrigações, "responsabilidades", "educação". Como somos autoritários conosco, somos também com os outros. Afinal, como eles podem ser espontâneos e livres se nos cerceamos tanto? Pois, se nos prendemos, que eles façam o mesmo. Cobramos, pedimos, exigimos.

Na batalha que travamos com o real, corremos atrás de nosso orgulho, desfraldamos a bandeira da pretensão, corrompemos nossa alma, subornamos nosso senso, deterioramos nossos valores pessoais. Ficamos doentes em nome de nossa vaidade.

Só nós sabemos as sensações que temos nesse estado. A insatisfação rotineira, o "saco cheio", as mágoas tão profundas, o descontentamento e a negatividade fazendo-se presentes a todo instante. Chegamos ao estresse, ao esgotamento energético, porque gastamos nossa energia inutilmente, defendendo-nos de ameaças ilusórias. Onde será que nos deixamos? Onde será que deixamos a alegria, a naturalidade?

Provavelmente, elas estão no mesmo lugar em que largamos nosso poder de ser nós mesmos, onde deixamos nossa presença, nosso prazer de viver. Estão em algum lugar de nosso espaço interior, sufocadas por nossa arrogância.

Podemos, aparentemente, até ganhar a guerra lá fora, mas aqui dentro só sobrarão destroços. A desarmonia interior logo se fará sentir, e nosso psiquismo, por intermédio de nosso corpo, nos mostrará isso com sintomas, de diferentes maneiras, para cada um de nós, mas que na classificação geral denominamos doenças.

A humildade como escape

Para que serve a alma se ela não está presente? Se temos uma alma, se somos dotados de uma consciência, se realmente somos indivíduos únicos, então, por que não deixarmos que isso venha à tona? Você consegue entender a razão de se ter uma alma, se ela não pode expressar um aspecto do espírito único?

No coração estão as razões da vida. Nele residem os planos divinos para nossa existência. Só teremos acesso a esses planos com pureza de sentimentos. Pureza de sentimentos é entrar num espaço interior chamado humildade. É nesse espaço que praticamos a presença divina em nós.

Pela modéstia, libertamo-nos do medo, do "carma", da miséria interior, da dor, do sofrimento. É nela que entramos no "Reino de Deus". O céu não é um lugar cheio de anjinhos tocando harpa. É um estado interior, em que nossas capacidades, potencialidades, sentimentos reais e riquezas residem.

É de lá que podemos dominar as coisas, sem nos deixar dominar por elas. É estando lá que podemos estar no mundo, sem sermos sufocados por ele. Há nesse espaço um estímulo à consciência, um poder criativo e lúcido, pois ficamos coerentes com a própria verdade.

No estado de humildade, podemos escutar a verdadeira voz da consciência, a voz que nos fala por meio de sensações claras, precisas. Queremos, mas é um querer de maturidade. Fluímos, porque tudo nos é facilitado. Temos certeza, porque o Universo nos mostra. A intuição é clara, porque nossa ligação é real.

Temos condições de captar mais profundamente, pois nossos sentidos mais altos ficam despertos. Assim, nossa verdade e nossa vocação se fazem presentes. O Universo nos envia irradiações do mundo cósmico, e a Inteligência Maior fala a nosso ouvido. A harmonia interior garante nosso encaixe conosco.

Será que é assim? Ora! Todos nós já experimentamos esse estado e sabemos que é assim. Ninguém consegue viver apenas no estado de orgulho. O Bem é natural em nós. Por mais que tentemos sufocá-lo, ele aparece. Lembremo-nos das vezes em que estivemos bem conosco. As pessoas dizem que vimos "passarinho verde". Cantamos, ficamos suaves, compreendemos as coisas, deixamos passar, tudo é bom, não é?

É bom porque estamos bons; estamos no estado de modéstia. Quando ali estamos, nos aceitamos e aceitamos a vida e o mundo. Somos lúcidos o suficiente para admitir que só somos o que somos, o que podemos ser e mais nada. Isso nos traz uma alegria, uma expressividade, uma energia fantástica. Tomamos posse de nossa alma e de nosso corpo. Nada nos atinge.

A humildade é o estado em que a centralização se faz. Por ficarmos em nós, sintonizamo-nos com a vida, com as forças superiores. Tudo sai perfeito porque estamos na perfeição. Tudo é bom porque estamos sustentados pelo Bem. E o Bem é a única realidade possível; o resto é ilusão, fantasia e orgulho. Humilde é quem reconhece o que é.

Costumamos confundir humildade com falta de mérito, com submissão, ignorância, pobreza. Pois se existe uma coisa que humildade é, é força. É preciso muita coragem para ser humilde. É preciso muita confiança em si mesmo, na Natureza, na Vida.

Você acha que não é preciso coragem para confrontar fraquezas? Acha que é fácil trabalhar as próprias inseguranças? Você passa tranquila por um elogio sem se inflar? Não acha que é preciso firmeza para se assumir como realmente é?

A humildade é cheia de vigor, convicção, disciplina. Um bem pertinaz, resoluto. Você consegue ser assim?

Orgulho e humildade

Orgulho (ego)	**Humildade (alma)**
é ilusório	*é real*
mente	*sensação (lucidez)*
quer ser o melhor	*não é melhor que ninguém*

ansioso, tenso, triste, angustiado, preocupado, revoltado	*alegre, paciente, despreocupado, determinado*
faz tipo, representa papel, rejeita a vida, a si e ao mundo (adapta-se aos outros)	*é como é, aceita-se e aos à sua volta (adapta-se a si mesmo)*
passado e futuro (prende-se à)	*aqui e agora*
cobra-se, justifica-se, desculpa-se o tempo todo = julga	*não é cobrador, não é cobrável, não dá satisfação = discernimento*
não crê em si mesmo	*confia em si, perto de si e dos outros*
os problemas estão fora e as soluções também	*crê nos tesouros que tem dentro de si e na potencialidade da sua vida*
autoabandonado	*está em si, perto de si e dos outros*
imagina que... *acha que...* *supõe que...*	*sente as pessoas, sente a si mesmo e comunga profundamente com seu Deus interior*
conjunto de falsos valores (cristalização e não reflexão)	*experiências, sensações próprias, estado de confiança nas próprias vivências*
social em mim	*eu no social*
moralidade, regras externas, normas, leis rígidas	*ética, bom senso, sensibilidade*
bonzinho	*bondoso*
é vítima	*é responsável por si mesmo*
briga para ganhar	*discute pontos de vista*
tímido, envergonhado, medroso	*espontâneo, expansivo, se arrisca*
pensa que sabe tudo, que pode levar vantagem em tudo	*está aberto para aprender, é natural, não tem barreiras, reflete, aceita*
vulnerável, ofende-se à toa (mimado)	*não tem medo de mudar, de retomar*
embute os sentimentos, carrega frustrações, se apega	*solto, fluido, livre com a vida, ama*

luta pelo poder	*fonte de prazer*
dramatiza (dá muita importância)	*as coisas são vistas como são*
posições socioculturais (rótulos)	*todos são iguais enquanto pessoas*
é cego	*é lúcido*
sofredor (dor é ilusão)	*ganhador (a realidade é rica)*
censurado	*livre*
confuso	*disciplinado*
fraco (sua vida nas mãos dos outros)	*forte (sua vida em suas mãos)*
é a sede de nossos problemas	*nossa libertação*
inferno interior	*céu interior*
pretensioso	*motivado*
medroso (teme ferir o orgulho)	*sabe que pode retomar a qualquer hora*
solitário (não está consigo mesmo nem com os outros)	*está sempre consigo mesmo e por isso está com os outros*
egoísta (vive do outro, medo de perda)	*altruísta (vive de dentro, autêntico)*
é falso (mente para si e para os outros)	*é honesto*
é conflitante e irritadiço	*é harmonioso e tem força de trabalho*
vê maldade (olhos de malícia)	*vê como é (olhos para o real)*
imposição (arrogância)	*sentimento (flexibilidade)*
espaços cheios de vazio	*vazio repleto de tudo*
o que penso é real	*o que sinto é real*
expansão do ego	*expansão do eu*
visão da humildade: rebaixamento	*visão do orgulho: cegueira*
primeiro a imaginação e depois a experiência	*primeiro a experiência e depois a imaginação*
realidades relativas	*verdade*

13
solidão, tristeza, depressão

> *Tristeza*
> *Por favor, vá embora*
> *Minha alma que chora*
> *Está vendo o meu fim*
> *Fez do meu coração*
> *A sua moradia*
> *Já é demais o meu penar*
> *Quer voltar àquela vida de alegria*
> *Quero de novo cantar.*
>
> (Haroldo Lobo)

Quem de nós não sabe o que é experimentar tais sensações? Todos nós já tivemos momentos de profunda tristeza, de absoluto abandono ou de chegar ao fundo do poço. Todos nós, num período qualquer de nossa vida, experimentamos a dor que isso nos provoca e como foi difícil sair para recomeçar.

Muitos justificam a entrada nesses estados por ocasião de acontecimentos doloridos, marcantes, que abalam as estruturas da pessoa. Ela perde o pé da situação, fica sem rumo, sem saber o que fazer ou como agir. Mas será que esses fatos foram realmente os causadores do sofrimento?

Não é o que se tem constatado nos consultórios psicológicos, médicos ou nos aconselhamentos. As queixas iniciam-se nos fatos, mas, aprofundando-se a entrevista, descobrem-se outros fatores mais importantes que as situações relatadas.

Descobre-se que são estados de alma, estados psicológicos, que independem do mundo à nossa volta.

Há uma história, sim, mas o personagem principal somos nós e nossa relação conosco. Os fatos são meros coadjuvantes. São disparadores psíquicos. Histórias que falam de nós e de nossa relação com nossa alma. Falam de nossas carências, necessidades, desesperanças, crenças e de nosso modo de pensar.

Vamos analisá-las em separado para podermos observar com mais acuidade o processo de cada uma. Processo que pode ser desencadeado, levando-nos de uma para a outra, aprofundando a dor e o sofrimento.

A solidão

A solidão é um estado de retração da alma, ou seja, é quando não damos a devida atenção à vida em nós, às nossas necessidades e motivações. É quando ficamos distantes de nós mesmos e de nossa verdade interior.

Nós a sentimos como se sentíssemos saudade de nós mesmos. Ficamos tão distantes de nós que bate um sentimento estranho de ausência da nossa presença, um vazio, uma sensação de inutilidade e de abandono.

A insatisfação é profunda. Não há o que nos preencha, o que nos deixe feliz ou o que nos motive a sair desse impasse. Lembra-se de seus estados de solidão? Como você se sente? Não é assim?

A insatisfação é total... Podemos cantar Antonio Maria: "Ninguém me ama, ninguém me quer...". Não, realmente não. Nem mesmo nós. Quem de nós gosta de estar ao lado de alguém sem nada por dentro? Quem de nós gosta de conversar com alguém sem ânimo, sem vida?

Essa situação se apresenta quando nos largamos, então, a alma aperta, machuca, incomoda, para que possamos acordar e notar sua presença. Solidão é a alma nos dizendo: "Escute-me", "Sinta-me", "Dê-me atenção".

Prestamos atenção em tudo fora de nós, nos fatos, nas pessoas, no que dizem ou deixam de dizer, na moda, nos noticiários, nas fofocas, nas regras sociais, no certo, no que podem dizer, no que podem notar. Não saímos dos outros e nos deixamos.

A realidade apresenta-se cruel para nós. Ninguém se incomoda com nada e com ninguém. Todos são frios, insensíveis. Um bando de gente egoísta, que só pensa em fazer as coisas para si sem notar os outros.

Afinal, será que o que pedimos é muito? Só queremos um pouco de respeito, amor, carinho, apoio, atenção. Se ao menos se importassem um pouco com o que sentimos, mas não. Cada um está voltado para si mesmo, esquecendo que somos gente também.

É, mas se pedimos aos outros é porque não temos, não é mesmo? Então, onde está o amor, o carinho, o respeito, a consideração que deveríamos nutrir por nós mesmos? Pedimos aos outros porque não damos para nós.

Irresponsável ou neuroticamente, não nos assumimos e acabamos perdendo a individualidade. Passamos a viver dos outros, para os outros, e nos abandonamos. Só tem fora, não tem dentro.

Na rotina do dia a dia, o hábito gera a inconsciência, o comportamento mecânico, a automatização de gestos, de falas. Dizemos: “Bom dia”, “Que prazer em vê-lo”, “Foi ótimo encontrá-lo”, sem notarmos para quem dizemos e por que dizemos. Seguimos as regras da boa educação, as normas diárias, e vivemos como se estivéssemos, sem estarmos, no entanto.

Tão voltados para fora, tornamo-nos críticos, preconceituosos, julgadores, autoritários, esnobes, cobradores. Alguma coisa que movimente nossa vida, já que lá dentro não há nada que realmente vibre.

Tornamo-nos chamarizes de todas as cargas, de todos os lixos. Envolvemo-nos em rolos, metemo-nos em encrencas, em coisas difíceis e complicadas de serem resolvidas. O importante é que tentemos tapar o buraco interior, o vazio, a ausência de vida real, de vida sentida.

Podemos estar no meio de uma multidão e assim mesmo nos sentiremos sozinhos. Sem nós! O que fazer para reencontrar essa presença interior? O que fazer para reencontrar esse eu perdido dentro de nós mesmos?

Primeiramente, precisamos admitir que nos sentimos solitários. Enfrentar a verdade em nós traz uma sensação de calma, de paz, de serenidade. A ilusão dói; a verdade não. Ela nos auxilia a aceitação, dá-nos a lucidez necessária para trabalhar a situação e poder sair dela.

Na posse do fato, adquirimos de volta nosso poder interior. Com ele, podemos confrontar nossas crenças, reformular valores, estabelecer metas, fazer mudanças, para, aos poucos, restabelecermos os laços de nossa consciência com nós mesmos.

Começamos a nos ocupar de nossa pessoa, permitindo-nos sentir e assumindo o que sentimos. Levando-nos para a frente, ousando ser apenas o que somos, reformatando os impulsos básicos de modo que eles sigam o que nossa alma precisa. Assim, vamos trabalhar para aprender a nos conhecer, para estabelecer contatos verdadeiros. Trabalhar para nos habilitar gratificantemente, trazendo para fora nosso mundo interior.

Você pode estar pensando neste momento: "Ih! Mas até eu fazer todo este trabalho, já terei morrido de solidão" ou, ainda, "Será que vale a pena?".

Temos muito que andar, sim, e se vale a pena ou não, você só saberá depois de tentar. Como você pode avaliar se vale ou não, se é gostoso ou não, se não comeu ainda? Portanto, experimente! Se não der certo, você terá motivos de sobra para voltar à situação costumeira de maneira bastante rápida. Mas, se der, sentirá como é bom viver em boa companhia.

Tristeza

Vamos nos recordar agora de nossas tristezas passadas ou presentificar, de modo mais contundente, a que estamos sentindo neste momento. Como fica nosso corpo? Como fica nosso peito? Que tipo de pensamentos seguramos? Para onde voltamos nossa atenção?

Há em nosso corpo uma queda energética. Nada nos anima ou entusiasma. O peito apertado parece nos sufocar o corpo dolorido, como se tivéssemos levado uma surra. Enxergamos com os olhos do sofrimento, agimos com mágoa, sentimos o desânimo, o desamparo e algumas vezes o desespero.

Sentimo-nos frágeis, dependentes. A vida está como se em suspensão, à espera de algo que não vemos razão para existir. Por quê? Por que entramos num espaço emocional dessa natureza? Será que estamos enlouquecendo? Perdendo o senso do real?

Não, nada disso. A tristeza faz parte da vida. É "normal", como gostamos de dizer. Todos nós, vez por outra, temos nossos momentos de tristeza, de aborrecimento profundo. O que precisamos observar é se esse estado é disparado por algo concreto ou por ruminações de nossa cabeça.

As situações de perda em geral — de pessoas queridas, de trabalho, de status, da reputação, separações — abalam-nos, desestruturam-nos, mexem conosco. Levamos um tempo para metabolizá-las, isto é, para aceitar as situações como parte da vida, como experiências difíceis, mas que acontecem. Temos um ego e ele facilmente se desestrutura.

Entramos num período, que podemos chamar de transição, em que nos damos um tempo para colocar em ordem nossas emoções, nossos pensamentos, um tempo de recuperação, de ajuste psíquico. Um tempo para pôr em xeque nossas ideias, nossas crenças.

Eu diria que é uma tristeza saudável. Não que ela não doa; dói, mas nos mostra que estamos sentindo e tentando entender o que estamos sentindo. Mostra-nos um trabalho interior de autoavaliação, de autocompreensão. Uma tentativa de colocar o pé na realidade, de aprender a viver, de encarar.

Outro tipo de tristeza é aquela em que nos pomos a ruminar culpas, a negar a vida, a ressentir uma decepção conosco ou com outra pessoa. É uma tristeza sem causa aparente, sem um fato que a justifique ou que ao menos a torne mais compreensível.

Nela, nossos pensamentos entram num círculo vicioso, em que tudo que pensamos vem piorar a situação em que estamos. Começamos a tentar encontrar um mal maior para atenuar esse em que estamos, que, no entanto, só serve para nos afundar ainda mais. Uma ideia ruim associa-se a outra pior, os outros não são capazes de nos compreender e nós também não. Só nos identificamos com casos semelhantes ao nosso e fazemos o somatório. Que mundo, meu Deus!

Cada um de nós, conforme o tipo de personalidade, conformação psíquica, criação, procura um meio, um modo de sair das situações de tristeza. Mulheres, em geral, vão ao cabeleireiro, tentam mudar o visual, estabelecem metas que podem alcançar com certa facilidade, choram muito ou tentam desabafar com uma amiga, ser ouvidas, confortadas. Os homens tentam a distração, os esportes, comparam com coisa pior, bebem um pouco mais que o normal, assistem à televisão, tornam-se mais irritadiços ou entram num mutismo agonizante.

Além disso, temos o escape das somatizações. Dessa maneira, colecionamos dores de cabeça, taquicardias, sono acentuado, mal-estares estomacais, dores no corpo, pressão no peito, pneumonias, resfriados, bronquites, sinusites.

Para sair realmente de uma situação dessas é preciso em primeiro lugar observar que tipo de tristeza estamos carregando. Aquela que tem uma causa aparente ou a outra com causas disseminadas em nós?

Se é a primeira, vamos dar tempo ao tempo, vamos aos poucos trabalhando a nova situação, aprendendo a aceitar, a olhar para nós, a discernir o que valorizamos ou não, o que podemos fazer para retomar nossa força interior, a nos colocar diante de nós mesmos e de maneira impessoal confrontarmos nossas dores, nossos temores. Vai doer, vai... Ir até o fundo do poço é sempre muito doloroso, mas de lá não passamos, só nos resta subir. Ir profundamente em si e na tristeza sentida é uma forma de retomar a posse de si e dos sentimentos genuínos que temos. Quem sente tem vida. Vida que merece ser vivida.

Se é o outro tipo de tristeza, a tristeza disseminada, vinda de um não reconhecimento dos potenciais existentes em nós, é necessário que trabalhemos em nossa autoconscientização. Podemos ir em busca de nos conhecer melhor para descobrir nossos valores, desmitificar nossas ilusões, aumentar nossa autoestima. Podemos aprender a olhar de outro ponto de vista, um modo diferenciado do de sempre, um voltar-se para nós e descobrir o ser humano que mora em nós. Podemos investir em nós mesmos para ver no que dá. Somente tentando para saber se funciona.

Depressão

A depressão é um produto para o pior de tudo o que já vimos. É um distúrbio afetivo, em que perdemos a capacidade de sentir prazer, perdemos a vontade de viver. A sensação de perda é profunda. Parece que fomos enganados pela vida, por Deus, por todos. Cansamos de lutar, de procurar sentido nas coisas, de tentar descobrir motivos que justifiquem a vida e como ela é. É um basta. Não um basta de coragem, mas de desistência. É como se disséssemos: "Pare o mundo que eu quero descer!".

Queremos dar um basta numa luta sem o mínimo sentido para nós. A vida só sabe cobrar, exigir, culpar, tudo dá sempre errado, os outros não se importam, o dia a dia nos sufoca, tudo é sempre igual, sem razão para existir. Por mais que questionemos, as respostas são sempre as mesmas. Então, para quê?

Cuando la suerte qu'es grela
Fayando y fayando
Te largue para'o
Cuando estés bien en la vía
Sin rumbo, desespera'o
Cuando no tengas ni fe
Ni yerba de ayer
Secándose al sol
Cuando rajés los tamangos
Buscando este mango
Que te haga morfar

La indiferencia del mundo
Que es sordo y es mudo
Recién sentirás
Verás que todo es mentira
Verás que nada es amor
Que al mundo nada le importa
Yira, yira
Aunque te quiebre la vida
Aunque te muerda un dolor
No esperes nunca una ayuda
Ni una mano, ni un favor
Cuando estén secas las pilas
De todos los timbres
Que vos apretás
Buscando un pecho fraterno
Para morir abraza'o
Cuando te dejen tirao
Después de cinchar
Lo mismo que a mí
Cuando manyés que a tu lado
Se prueban la ropa
Que vas a dejar
Te acordarás de este otario
Que un día, cansado
Se puso a ladrar

Este tango de Enrique Santos Discépolo, que data de 1936, ainda serve para nos mostrar o estado de espírito no qual ficamos quando nos largamos.

Na rotina de uma vida sem presença, o domínio da vaidade nos submete e escraviza. Não somos nós que vivemos, mas um ego repleto de leis mentais a serem cumpridas para que possamos parecer algo que não somos. Fantasiamos tanto que somos engolidos por nossas fantasias. Queremos vencer o mundo e acabamos vencidos por nós mesmos.

Entramos num descompasso com nossa alma. Ela querendo se expressar, ir, fazer, ser, assumir, e nós a segurando, com medo de sermos chamados de ridículos, ignorantes, ruins, feios. Colecionamos culpas, preocupações, inseguranças, desonestidade, inflexibilidade. Acorrentamos impulsos básicos, com medo da dor, da rejeição, da opinião alheia, com medo do mundo. Rejeitamos o mundo e o acusamos de nos rejeitar.

Todos nós temos uma medida de saturação, um ponto médio. Até ali aguentamos; passando desse ponto, não dá mais. É o que costumeiramente chamamos de "gota d'água", isto é, um ponto de ruptura, o marco-limite da tolerância. Vamos deixando a coisa caminhar, aguentando, fingindo que estamos aceitando e, quando o limite é ultrapassado, explodimos ou implodimos.

Na depressão há uma implosão. Tudo o que gostaríamos de colocar para fora, toda raiva, todo ódio, toda a nossa revolta, trazemos para dentro de nós. É o grito da alma querendo ser ela mesma. É a força em nós, que, em vez de ser dirigida de modo a dominarmos a situação, voltamos contra nós.

Aquela força construtiva, corajosa, fica invertida. Torna-se altamente destrutiva, tirando-nos o ânimo, o prazer, a alegria, a capacidade de sentir, de reformular, de ser. Há um sentimento de contenção de si, uma força mal dirigida. Já que não podemos acabar com o mundo, que não conseguimos fazê-lo ser como nós queremos, resolvemos que "não brincamos mais". Fazemos birra. Se ele não é como nós queremos, também não seremos como ele quer.

A atitude é de vingança. Vingança contra nós mesmos, pois não tivemos força para nos assumir, e vingança contra o mundo, pois o consideramos culpado por suas imposições, suas regras, seu palco. Imposições que, na verdade, aceitamos, mas que em nossa cabeça o fizemos porque não tínhamos como não fazer.

A alma, em sua sanidade natural, mostra-nos que não estamos fazendo o nosso melhor, por intermédio de nosso sistema imunológico, que só funciona com o nosso melhor. Quando nos desestabilizamos, ele também se desestabiliza. Nosso corpo sabe o que é bom para ele e o que não é e, por meio de sintomas, demonstra-nos o que estamos fazendo conosco.

Na depressão, os sintomas psíquicos somam-se aos físicos, e o quadro que vemos não é dos mais agradáveis. Temos:

- mudanças de humor ocasionadas por tristezas profundas, rejeição, solidão, impotência, vazios;
- ações e movimentos em câmara lenta, tudo muito sem vida, sem graça, sem jeito;
- raciocínio lerdo, demorado, sem sagacidade, sem destreza, sem compreensão, confuso;
- a parte afetiva parece estar anestesiada, indiferente, sem ternura, seca, sem conexão;

- a aparência física é de abandono, flácida, sem viço, sem brilho;
- a insônia é a companheira de todas as noites;
- não há fome ou, mais raramente, há a compulsão pela comida;
- o intestino fica preso;
- estômago enjoado;
- gases.

Se vamos ao médico, ele nos entope de remédios para cada sintoma que expomos. Tomamos medicamentos para abrir o apetite, para dormir, para acordar, para ir ao banheiro, para a azia, para a flatulência. Tomamos ansiolíticos, antidepressivos. Cada um deles interferindo no outro, provocando reações colaterais, e muitas vezes nem ao menos fazendo efeito. Cuidamos das consequências, mas não da causa. Cuidamos dos sintomas, mas não da doença.

Tudo o que nos recusamos a encarar, que nos recusamos a confrontar lá fora, sofremos em nossa dor interior. Ninguém foge da vida. Por não querermos sofrer, sofremos. Por resistirmos ao real, a ilusão se faz dor. A dor não educa, mas nos força a nos educar. É um alerta bastante concreto de que não é por ali que devemos seguir.

Qual seria a grande saída? O que fazer quando não se tem ânimo? Que medidas tomar, quando não temos interesse por nada? Que não está bom, não está, mas... tudo é tão difícil!

Ah! Nós somos terríveis! Queremos colo! Queremos que o outro nos dê uma receita, uma varinha de condão, um passe de mágica que faça desaparecer, como por encanto, todos os nossos problemas. Isso não existe.

O que se pode fazer pede empenho, investimento, atitude. Cada um há de enfrentar a si mesmo. Vivemos de nossas ações e das consequências de nossas atitudes.

Vamos entrar na posse de nós mesmos, nos encaixar. Pegar a energia que estamos usando para nos reprimir e trabalhar com ela no sentido inverso. Vamos observar nosso modo de pensar para mudarmos nosso modo de sentir. Como fazer isso? Trabalhando a autoaceitação, a autoconsideração, o respeito, a autoestima, para reformularmos nossa imagem diante de nós mesmos. Ajustando a força agressiva para que possamos tomar posse de nós, nos garantir e readquirir a capacidade de domínio que nos é própria.

Cada um de nós é seu próprio dono. Se decidirmos mudar, nos reestruturar, certamente conseguiremos. Se ficarmos do nosso lado, a Natureza também ficará. Experimente prestar atenção nas sensações interiores. Deixe a cabeça espernear dizendo que não vai dar certo, mas mantenha-se firme em suas sensações. Notará uma coisa boa de ser sentida, uma plenitude e um calor que se esparramam no corpo e se traduzem em bem-estar. É esse seu verdadeiro eu, é essa a sua verdade. Deixe-a vir para fora, expresse o que é, nem mais nem menos, apenas você.

A sensação de integridade, a inteireza, a individualidade... sem comparações, sem concorrência, apenas a pessoa como pessoa, a diversidade expressando a unicidade, expressando o espírito.

O mundo não muda; somos nós que mudamos. Aprendendo a nos aceitar, a aceitar o mundo, a aceitar a vida. Aprendemos que ser feliz não é viver segundo nossas ilusões, mas estar disposto a estar bem e confiar que o bem é real. É na postura diante da vida que está nossa felicidade ou nossas desilusões. Toda responsabilidade é nossa.

Não há solidão, estou comigo.
Não há tristeza, estou comigo.
Não há abandono, sou forte.
Não há dor, estou no real.
Não sei o que há, mas sinto que há...
Intelectualmente não há como entender
o que emocionalmente se comunica...
Mas também, para que entender?
Se minha compreensão dos fatos mudasse o que sinto.
Mas não muda...
Fatos são fatos! Sentimentos são sentimentos!
Há um repetir interminável desse sentir
Uma explosão... um vulcão... uma erupção.
Expansão... retração... pulsação...
Alma falando... Alma...
O que me resta? Aceitar!
Aceitar o bom, a verdade, a vida...
Portanto: atento!
Portanto: sinto!
Portanto: vivo!

14
êxito e fracasso

> *[...] Chorei, não procurei esconder*
> *Todos viram, fingiram*
> *pena de mim, não precisava*
> *Ali onde eu chorei*
> *Qualquer um chorava*
> *Dar a volta por cima eu dei*
> *Quero ver quem dava*
> *Um homem de moral não fica no chão*
> *Nem quer que mulher*
> *Lhe venha dar a mão*
> *Reconhece a queda e não desanima*
> *Levanta, sacode a poeira*
> *E dá a volta por cima.*
>
> (Paulo Vanzolini)

Estive afirmando que a postura que tomamos diante da vida concretiza a realidade à nossa volta. Você crê nisso? Percebe que é nossa atitude interior, nossa postura pessoal, nossas crenças que criam o mundo em que vivemos? Se somos pessoas com capacidade de nos automotivar, persistentes, confiantes, vamos obter sucesso ou fracasso? Se somos inflexíveis, repletos de vaidade, desequilibrados, vamos obter sucesso ou fracasso?

Qualquer um de nós, dentro de sua lucidez, é capaz de apontar o óbvio. Quem faz, acreditando em si e em seus potenciais, vence. Quem faz, não tendo certeza de seus potenciais, sofre a sensação de fracasso.

Quantas vezes experienciamos as duas sensações na vida? Você já se sentiu um vencedor? Já não se sentiu um perdedor? São sensações diametralmente opostas, que nos provocam uma série de sintomas mentais, emocionais e físicos.

Quando nos sentimos vencedores, somos capazes de ser empáticos, despreocupados, satisfeitos, felizes. Dá uma sensação de poder, não dá? Parece-nos que as outras pessoas são crianças que não descobriram ainda as leis da vida e como elas funcionam. Para nós tudo flui fácil e a vida é bela.

Quando nos sentimos perdedores, a cabeça não nos deixa em paz um só segundo. Entope-nos de culpas, de preocupações. Não sabemos mais quem somos e qual é o nosso objetivo na vida. Sentimo-nos sozinhos, com o rótulo do fracasso grudado na testa, magoados, resignados, vítimas do mundo.

Essas sensações são resultado de posturas que tomamos diante daquilo que tivemos de solucionar. Não há sorte ou azar. Há posturas. Deus não joga dados, apostando neles as situações de nossa vida.

Além disso, podemos confrontar as noções, os conceitos que temos de êxito e de fracasso. O que você entende por ter êxito? O que entende por fracassar? Será que ter êxito é ter muito dinheiro? Ser uma pessoa de sucesso? Será que é ter uma saúde de ferro? E fracassar? O que é fracassar para você? Será que é ter sido despedido? Será que é não ter conseguido realizar todas as suas fantasias? Ou não ter frequentado uma faculdade ou não ter conseguido um grande amor em sua vida?

Quando falamos em sucesso, falamos de crescimento em todos os campos: saúde, relacionamentos, crescimento interior, econômico, espiritual. A falta de êxito num campo nos mostra onde precisamos dar mais nossa atenção, onde precisamos aprender a lidar, onde nossa atitude interior está inadequada.

Muitas vezes, temos dinheiro, posição social, mas dentro de nossa alma há favelas emocionais, nas quais tudo é remendado, repleto de culpas, orgulho. Outras vezes, temos nosso corpo doente, que nos mostra que não estamos fazendo nosso melhor, ou a cabeça repleta de preocupações, de vaidade, de racionalidade vazia de sentido. Onde está o sucesso aí?

Temos áreas prósperas e áreas miseráveis. Temos êxito em umas coisas e fracassos em outras. Como explicar essa dissonância? Você já se perguntou isso? Por que em alguns pontos de nossa vida tudo é fácil e em outros nada dá certo?

Há prosperidade apenas nas áreas em que estamos abertos. Nas áreas em que cremos ser fácil, com as quais aprendemos a lidar. Quando negligenciamos nossos potenciais, quando não valorizamos as chances que a vida nos dá, fracassamos.

Todos nós temos potenciais para obter sucesso. Como? Você por certo deve estar se fazendo essa pergunta, não está? Talvez você queira obter uma receita mágica. Fazer e dar certo. Mas não é assim que funciona. Precisamos aprender os mecanismos da vida para depois trabalharmos com eles.

Isso exige autoconhecimento, autoinvestimento e, principalmente, o uso do arbítrio, pois êxito e fracasso são opções do espírito. É preciso um trabalho interior, uma reavaliação de crenças, valores, posturas. Não há batalhas a serem travadas lá fora. Não há desespero, necessidade de sermos heróis no mundo, de provarmos o quanto valemos.

Ao tentarmos entender por que fracassamos, não devemos nos sentir culpados. Estudamos para aprender, compreender, mudar, crescer. E se há uma coisa que a aprendizagem exige é amor, não culpa. Não é para termos pensamentos do tipo: "Puxa, que burro eu sou!" ou "Se eu soubesse disso antes". A aprendizagem não se faz com pressão, com imposição. Ela se dá com maturidade para compreender, com apoio facilitador, com discernimento.

Será que você é capaz de se observar, observar seus fracassos e entendê-los como parte de seu crescimento? Será que você é capaz de transformar seus "erros terríveis" em erros construtivos? Será que pode confrontar seu autoabandono? Se pode, vamos em frente.

Qualquer fracasso e qualquer pobreza são reflexo do autodesamparo, da autodesvalorização. É a opção feita pela crença de que o poder lá fora é maior que o poder aqui dentro. Só fracassa quem não se ama.

Você pode estar pensando: "Mas eu gosto de mim, e, mesmo assim, há coisas em minha vida que não vão para a frente". É, há sim, pois nosso amor por nós mesmos é, em muitas situações, menor que o poder de nossas crenças.

Crenças limitantes

Temos crenças que nos impedem de ter êxito. Vamos dar uma olhada em algumas áreas de nossa vida e verificar se nutrimos ideias limitantes sobre elas.

Dinheiro

É difícil de ganhar.
É sujo.
Não traz felicidade.
É sempre insuficiente.
É causador de sofrimento.
Só se consegue com muito sacrifício.
Só é válido o que vem do trabalho duro.
É sempre insuficiente.
Vem fácil e vai fácil.
Não cai do céu.
Quanto mais se corre atrás, mais ele foge.
É só para materialistas.

Lazer

Só quando sobra tempo.
Pobre não tem lazer.
É perda de tempo.
É para repor energia gasta no trabalho.
Só nos fins de semana.
Só quando se tem tempo e dinheiro.
Só quando se tem companhia.
Não é sempre que há programas.
Não se deve gastar dinheiro com bobagens.
É coisa de gente irresponsável.
Temos de nos divertir uma vez por semana.
É ficar sem fazer nada.

Casamento

A convivência é difícil.
É para construir uma nova vida.
É eterno.
Vida a dois é difícil.
A rotina cria dependência.
É loteria.
Tira a liberdade.
É para sempre.
É compartilhar tudo.
É para ter companhia na vida.
Quem casa quer casa.
É fardo.
É sempre uma ilusão.

Amor

Homens (mulheres) são complicados(as).
Comigo nunca dá certo.
Só traz amargura.
Só de mãe é verdadeiro.
É sempre sacrifício.
É doação eterna.
É troca.
Está além do mundo material.
É cego.
É sorte.
Torna-nos vulneráveis.
Só se ama uma vez na vida.

Sensualidade

É para chamar a atenção.
É vulgaridade.
Não adianta nada se não mantemos quem queremos perto de nós.
Pode ser confundida com outras coisas.
Só para pessoas bonitas.
É perigosa.
É ser promíscuo.
É ridícula.
É preciso peito.
É coisa de vaidoso.
Refere-se a roupas e à moda.
É preciso dinheiro para manter.

Criatividade

Provoca críticas.
Só com muito estímulo, ela brota.
É ser diferente dos outros.
Os outros são mais criativos do que eu.
É dom especial.
Só para pessoas inteligentes.
Uns têm, outros não.
É poder ser doido.
É instável.
Não dá garantias.
Não são todos que apreciam.
Provoca inveja.

Trabalho

É um dever.
É cansativo.
Só ganha bem quem se mata de trabalhar.
Quem não trabalha não presta.
Só tem valor se for duro.
É a chave das realizações da vida.
Traz dignidade.
Enobrece o homem.
Dá-nos reconhecimento.
É viver.
É difícil de arrumar algo bom.
Há trabalhos e trabalhos...

Você se viu em algumas dessas crenças? Pois é! Mantemos nossa mentalidade arraigada na negatividade, no difícil, na dureza da vida e depois nos queixamos de que as coisas não fluem como gostaríamos que elas fluíssem. Querer não é poder. Querer é coisa da cabeça, e poder é coisa de atitude. Minha cabeça pode querer mil coisas, mas, se minha crença interior é de dificuldade, que poder terei eu para conseguir? Nenhum.

A vida não pode progredir se há miséria na atitude. Êxito é uma circunstância da postura. Nós fazemos a realidade, que é a amplificação de nossas atitudes interiores. Se assumimos uma postura correta diante da vida, tudo flui fácil, pois geramos um campo de atração positiva. Na Bíblia, há uma passagem de Santo

Agostinho que diz: “Onde está seu coração, aí estará você”. A vida nos sustenta quando nos autoapoiamos.

Se queremos uma vida mais feliz, mais próspera, com relacionamentos satisfatórios, trabalhos gratificantes, momentos de plenitude, é bom que comecemos a questionar nossas crenças e a nos perguntar por que as alimentamos.

Eu alimento certas ideias em nome de quê? Se elas me impedem de ser feliz, por que as mantenho? Do que tenho medo? Do que desconfio? Que mágoas me impedem de enxergar? Onde entra meu orgulho nisso? O que os outros têm a ver com o que faço comigo? Será que faço por causa deles?

Observando nossas ideias, nossos sentimentos, podemos fazer uma higiene psíquica, isto é, jogar fora o que não nos serve mais. Vamos limpar, dar espaço para novas maneiras de ver, sentir e agir. Respostas, soluções, mudanças precisam de espaço para se encaixar. Você colocaria água limpa num copo sujo? Pois é! A vida não lhe dará algo novo se você mantiver sentimentos negativos, ideias arraigadas, um peito cheio de tralhas como um quartinho de despejo.

À medida que vamos limpando e entramos em contato com o que somos, com os mecanismos que usamos conosco, com o que valorizamos ou não no uso de nosso discernimento, crescemos. Vamos aprendendo a nos valorizar, aceitar, conhecer, e, com isso, modificamos os campos que geramos, tornando-os mais positivos.

A chave para o nosso êxito está na tomada de consciência de nossa pessoa, de nossa espiritualidade. Todos nós temos potenciais, fomos destinados ao sucesso, nascemos com poder, com criatividade, pois não existe nada que justifique o Universo nos negar o que nos é de direito, a não ser nossa atitude de empecilho. Quando nos negamos, a vida espera que recuperemos a lucidez para podermos retomar o fluxo. Só há crescimento com consciência.

Que tal se dar a chance de renovação? Se abrir a novas oportunidades? Mexer um pouco naquela área há tanto emperrada? A opção é sua. O poder é seu. Do mesmo modo que colocou os obstáculos, você pode removê-los. A vida modifica-se a cada instante, então, faça desse seu tempo um momento de reformulação.

Vamos tomar posse de nossa energia, de nossas atitudes, e sair dos preconceitos, dos rótulos, do negativismo. Vamos tirar de nosso vocabulário palavras limitantes, como difícil, luta, problemas, impossível, sorte, azar. Vamos nos concentrar em nossas potencialidades, pensar bem, usar nosso bom senso, nossa criatividade, na confiança de que, quando fazemos o nosso melhor, o Universo nos responde com o seu melhor.

Se queremos que a felicidade bata à nossa porta, precisamos abrir caminhos, na certeza de que os estamos abrindo porque ela está chegando. Êxito e fracasso não estão no mundo lá fora para nos premiar ou punir; estão no mundo interior atrelados às nossas atitudes.

15
alegria e humor

> *[...] Sem lenço, sem documento*
> *Nada no bolso ou nas mãos*
> *Eu quero seguir vivendo, amor*
> *Por que não? Por que não?*
>
> (Caetano Veloso)

A vida é uma aventura original, ímpar. Sem alegria, humor, ou, como costumamos dizer, alto-astral, o que ela se torna? Um fardo, um peso, uma chatice. Torna-se uma luta pela sobrevivência, uma batalha a ser travada diariamente, de sol a sol, para um dia chegarmos ao descanso eterno, livres dos grilhões que nos atrelavam a esta terra.

Que horror, não? Parece coisa de filme *trash*. Tudo escuro, sombrio, metódico. Um dia após o outro numa rotina sem fim... Levantar, trabalhar, comer, divertir-se, voltar e no outro dia recomeçar. Para quê?

Muitos têm a ideia de que a vida é uma escola onde nos matricularam sem nosso consentimento. E, já que não tem jeito, vamos levando, "empurrando com a barriga", até que um dia caímos fora. Outros a vivem como se fosse um carma, achando que devem sofrer calados para pagar todos os pecados que porventura tenham cometido em outras vidas. Outros levam-na como coisa séria e acreditam que devem cumprir com as obrigações, ser preocupados, ser "responsáveis" para, na hora do julgamento final, apresentar a lista de seus feitos.

Como você vê a vida? Que ideias nutre sobre ela? O que aprendeu com os outros e valorizou? Você tem uma vida plena, alegre, feliz? Que importância você dá para as coisas? Como é seu pique?

A vida tem as cores com as quais nós a pintamos. Se só usamos cores escuras, ela se torna sóbria e circunspecta; se usamos cores claras e vivas, ela se mostra sensual, viçosa, expressiva. Quem dá a coloração à vida é nosso estado de espírito. Ela reflete, como um espelho, nossa autopercepção.

Assim, se estou bem comigo, se estou em paz com meus pensamentos, se minha alma se sente livre, vejo tudo cor-de-rosa. Se, no entanto, estou cheio de preocupações, se minha cabeça não me dá paz, se sufoquei a alma, tudo é feio e sem razão de ser.

Você deve estar se perguntando: "Mas o que fazer se mudamos o estado de espírito de uma hora para outra?". E eu lhe pergunto: Por que mudamos? Por que saímos de um estado que nos faz bem para outro que nos faz mal? Por que não mantemos o bom?

Escolha! Sim, escolha! Nós escolhemos ficar em paz, ficar alegres, ficar deprimidos. Escolhemos o estado, o lugar e o tempo que neles queremos permanecer. Você já reparou que, em determinados lugares, você está sempre de bom humor e em outros está sempre chateado? Que há pessoas com as quais você sempre perde seu bom humor?

Somos nós que controlamos isso. Nós saímos e entramos nesses estados como queremos. O poder é nosso. Conforme as atitudes que tomamos diante das coisas, abrimos ou fechamos as portas para eles.

Como tudo na vida é energia, esses estados também o são, portanto, apresentam características próprias da energia que representam. Assim, quando estamos alegres, nos sentimos leves, soltos, brilhantes. Quando estamos tristes, nos sentimos pesados, sem graça, amarrados, isolados. Como os campos energéticos se influenciam, essas energias vão para o ambiente e o contagiam.

Costumo dizer que o homem "não dá ponto sem nó", isto é, sempre tentamos tirar vantagem das coisas. Optamos sempre pelo que nos é mais conveniente. Você pode estar se questionando: "Até quando escolhemos ficar tristes, deprimidos, melancólicos?". É, é sim. Temos diferentes motivos para curtir um estado negativo.

Quando estamos tristes, há sempre alguém atrás de nós querendo saber o porquê. Há sempre alguém querendo nos consolar e se preocupando conosco. Assim, para recebermos atenção, afeto, interesse dos outros, nos fazemos de infelizes, de coitados. Já que de outra maneira não conseguimos, esta nos é fácil e sem complicação. Manipulamos os outros com nossas carências.

Esperamos que o de fora venha nos levantar o moral. Temos uma imagem tão negativa de nós e da vida que, quando alguém chega até nós dizendo que a vida é bela, que somos ótimos, que somos fortes, que temos todas as possibilidades do mundo, isso produz um efeito balsâmico. Dizemos textualmente: "Fulano me deu uma injeção de ânimo". Precisávamos de injeção de vergonha na cara, mas...

É um comportamento infantil, de birra com a vida, de desprezo pelos próprios potenciais, mas o usamos. Usamos porque isso faz efeito, porque desconhecemos nosso poder, porque não sabemos fazer de outro jeito.Usamos porque nos acostumamos a ele, usamos...

Protegemo-nos de diferentes situações, ficando pequenininhos. Nossa cabeça confusa, cheia de preocupações, dramas, pensamentos catastróficos, desconfiada, não pode parar um segundo. Quem não tem tempo arruma uma boa desculpa para não olhar para si. Quem não tem poder, não pode fazer, depende do outro. Quem não é alegre, espontâneo, não serve para brincadeiras que exponham e coloquem em risco sua imagem. Quem não quer enfrentar, tranca-se, deprime-se. Há tantos motivos... Motivos são coisas que não faltam às pessoas.

Abrimos mão de uma vida com amplitude, mas não abrimos mão de nosso orgulho. Não queremos crescer. É, mas não tem importância, não. A vida sempre vence, um dia a verdade aparece, e nós acordamos. Sempre é tempo...

"Mas vamos viver sempre rindo, sem responsabilidade, sem seriedade?" É isso que passou agora por sua cabeça? Você acredita que manter o bom humor, se manter alegre, é ser irresponsável? Você acredita que a vida é séria?

A vida é o que é. É o que a tornamos. Adianta Deus lhe dar tudo de bom na vida, se você tem uma cabeça que não lhe permite aproveitar? "Ah, mas eu tento ser otimista, tenho sempre pensamentos positivos." Pois é, tenta... faz... não sente. Será que você vale a pena? Será que você vale uma mudança de postura?

Mudanças dependem de nós, dependem de autoinvestimento. Se largarmos de lado nosso coitado, nossa vítima interior, nossas carências e assumirmos para valer nossa vida, transformaremos nosso destino. Afinal, somos nós mesmos que viveremos conosco pela eternidade. Somos nós que aguentaremos.

Quando resolvemos assumir as rédeas, o comando, a motivação maior aparece. A alma apoia o que queremos. Ao tomarmos consciência de que somos nós os autores de nosso destino, queremos fazer dele algo que valha a pena ser vivido. Ou você gosta de coisas feias, tristes, feitas sem capricho?

No estado de bom humor, de alegria, temos mais audácia, mais entusiasmo. As situações ficam mais leves, os fatos perdem a grande importância que a cabeça determinava, a alma fala e somos capazes de escutá-la. Os "problemas" passam a ser somente desafios, estímulos.

Fisicamente somos outra pessoa. Nosso sistema imunológico funciona em seu melhor. Temos diminuídas, significativamente, as chances de doenças, assim como aumentadas nossas chances de recuperação. Nosso sistema nervoso fica mais ativado, nossos pensamentos tornam-se mais claros, nossa memória funciona mais rapidamente e com maiores associações, transformando-se em poder mental mais ampliado e em maior lucidez. Como a alma está sendo ouvida, a criatividade se faz presente, dando-nos maior confiança, flexibilidade, amplidão.

O campo energético fica potencializado, sua frequência torna-se acelerada, produzindo ondas de entusiasmo, vivacidade, prazer. Por onde passamos, vamos deixando um rastro de presença no ar. Presença de espírito, luz, alegria e bem-estar. Tornamo-nos pessoas nutritivas, gostosas para nós e para os que convivem conosco. Não é bom conviver com gente que está sempre de bom humor? Ou você é daquelas pessoas que gostam de um urubu no ombro?

Vamos nos observar, levar em conta nossos motivos, nos considerar positivamente. Olhando-nos com os olhos do bem, vamos recuperar em nós o entusiasmo, a alegria, o humor, a liberdade de sentir. A vida só tem sentido quando sentida. Só a alma é capaz dessa compreensão.

Aprendendo a nos conhecer, passamos a interpretar as coisas de modo diferente, mais verdadeiro. Ao tirarmos de nossos olhos a venda da ilusão, conseguimos ver com mais nitidez, e, consequentemente, nossos pensamentos serão outros e nossos sentimentos também. Aí, não precisaremos criar pensamentos positivos, tentando otimizar as coisas, pois estaremos verdadeiramente sentindo e, portanto, trazendo na atitude a confiança na vida.

Vamos nos libertar da negatividade, sentindo o que há mais profundo em nós. Quando tocamos a essência de nosso ser, tocamos a divindade que há em nós. Só conseguimos descobrir a beleza da vida, quando sabemos olhar a beleza de nosso interior.

Como moradores da possibilidade, há um mar de potencialidades a ser descoberto. Espíritos imortais necessitam de espaço interior para serem eles mesmos. Espaço este conseguido quando abrem as portas do seu coração para que o Universo possa ser presente.

A vida foi feita para sermos felizes. Só há razão em viver quando sabemos viver felizes. Alegria não faz parte da vida; ela é a vida.

16
prazer e felicidade

Viver e não ter a vergonha
De ser feliz
Cantar, e cantar, e cantar
A beleza de ser um eterno aprendiz
[...]
Eu sei, eu sei
que a vida devia ser bem melhor
E será!
Mas isso não impede
que eu repita
É bonita, é bonita
E é bonita...

(Gonzaguinha)

Após trabalhar 25 anos com crianças, me aposentei, mas mantenho um hábito: parar, extasiada, a observá-las. Cada rosto, uma expressão; cada expressão, uma mensagem para mim; cada olhar, uma luz, uma energia. Como são bonitas! Como são cativantes! Como são alegres e... barulhentas! Como eu adoro estar em sala de aula!

Passei a vida inteira dentro de escolas, quando não aprendendo, ensinando. Você, se não gosta desse tipo de coisa, deve estar pensando: "Credo! Como pode alguém passar a vida em escolas e se dizer feliz?" ou, ainda, "Como a visão de uma classe com 37 crianças de no máximo oito anos pode provocar êxtase em alguém?".

Pode. Lecionar, para mim, sempre foi uma fonte de prazer inesgotável. Sempre me proporcionou satisfação, alegria, realização. Como dizem popularmente, "nasci para a coisa". É o que se chama de vocação: a voz da alma me mostrando o caminho para sentir-me bem. Nunca desejei ser mais nada do que professora. A sala de aula é um paraíso.

Houve muitos desafios, dificuldades, mas também muitas alegrias e compensações. Houve momentos de angústia, preocupações, medos, assim como houve momentos de humor, contentamento, descontração, troca. Eu os vivi todos e sou grata à vida por tê-los vivido. Aprendi muito com as crianças e tenho certeza de que dei muito de mim também.

Geralmente, imagina-se que prazer e felicidade são coisas que devem nos fazer sair para buscar, numa luta heroica, como ao cálice sagrado. Ou que prazer e felicidade são momentos em que conseguimos escapar de um estado infeliz. Ou ainda que devemos ter motivos para senti-los.

Alguns acham que o prazer é coisa do demônio, é libidinoso, é tentação. Outros o colocam somente nas diversões, nas viagens, no sexo ou em não fazer nada. Como você sente o prazer? O que lhe dá prazer na vida? O que é felicidade? Você é feliz?

Para mim, prazer e felicidade são faces da mesma moeda. Surgem no fluxo de sentimentos. Dão ritmo, harmonia, fluidez, espontaneidade ao que somos e ao que fazemos. Só podemos achá-los quando vivemos a vida e não quando deixamos de vivê-la procurando por eles.

Identificar-se com a vida, com a beleza de cada dia, com o bem de cada instante dá a sensação interior de encaixe. Tudo é como tem de ser: perfeito. O significado da vida torna-se claro: nascemos para ser felizes.

É tão simples? Sim, é simples. A vida é muito simples; complicados somos nós. Ou melhor, complicada é nossa cabeça. Não ensinamos nossa cabeça a nos servir. Damos tanta força a ela que acabamos subjugados a seus pareceres.

Ao darmos ouvidos só para o racional, passamos a confundir as coisas e entramos em conflito entre atender às necessidades da alma e às ordens da cabeça. Entupimo-nos de receios, ficamos cheios de medo de errar, de sermos ridicularizados. A cabeça nos ameaçando com desconsideração, e nossa alma nos oferecendo um caminho de prazer. A cabeça identificando-se com a forma, com a aparência, e a alma proclamando a essência. A cabeça representando o ego, o orgulho, e a alma querendo apenas ser. E, em nome do poder, perdemos o prazer.

Em nossa sociedade há uma veneração pelo racional; é quase uma adoração religiosa. "Mas o intelecto não é importante?" Lógico que é! Ele é um equipamento fantástico que serve para nos auxiliar a viver. É nele que guardamos nossas experiências, é ele que produz os símbolos que usamos e é nele que guardamos os conceitos que elaboramos. O intelecto tem capacidade de abstração, de síntese, de guardar a significação de nossas vivências. Ele é um criado a nosso serviço. O mando é nosso, não o contrário. Somos nós que o temos, não ele a nós.

Quando invertemos a ordem das coisas, ficamos submissos à frieza racional e perdemos o senso do bem, pois a alma fica abafada. Já reparou que, quando você diz para alguém "Estou tão feliz!", a pessoa logo lhe pergunta "Por quê?". Fazem isso porque, para elas, tem de haver uma explicação racional para sentir-se bem. A alma está distante. Ao abafarmos a alma, prendemos com ela nossa capacidade de prazer e felicidade. Tornamo-nos pessoas frustradas, secas, insatisfeitas, rancorosas, dispostas ao negativo e damos importância a fatos e situações que não têm nada a ver conosco.

O ego vive de aparências, do mundo externo, e alimenta-se de nossas presunções e de nossa necessidade distorcida de poder. Quem pode ser feliz, ter prazer, identificando-se com ele? Para ele o que conta é o fazer, o ter, o parecer. Para a alma, o importante é ser: ser plenamente, ser inteiro. Estar disposto ao bem, ao bom, ao belo.

Prazer é isso: uma disposição interior, um modo de ser. É fluir livremente, com a sensação do melhor o acompanhando a cada instante. Quando você está empenhado no que está fazendo, quando há um envolvimento agradável e responsável com o que se é e com o que se faz, as situações acontecem naturalmente e soltas. Há um compromisso interior de ir pelo melhor, o que nos proporciona alegria, tranquilidade e inteireza de ser e de agir.

Quando temos prazer de ser o que somos, de fazer as coisas com espontaneidade, de participar da vida, somos felizes. Felicidade é ser coparticipante da criação, é ser uno com a vida, é viver plenamente o que se é. Já reparou como somos criativos quando estamos felizes e integrados com o que estamos vivendo? A criatividade, a capacidade de inventar soluções novas, gerar diferentes respostas, trazer originalidade às coisas são potencialidades da alma e só podem nascer quando ela está livre para se expressar.

Obedecemos tanto à nossa mente que nos distanciamos da alma. Algumas pessoas me perguntam: "Como saber se isso me dá prazer ou não?". Uma maneira simples de saber se estamos sentindo prazer ou não com alguma situação é consultar nosso corpo. O corpo sabe qual é a sensação de prazer. Ele se descontrai, fica leve, relaxado, energizado. Se nossa musculatura está contraída, nosso corpo está endurecido, há pressão no peito, os ombros estão caídos e a postura rígida, com certeza estamos sob a batuta de nosso ego.

O ego não nos permite o prazer, porque só tem interesse no poder. Ele menospreza as delícias da vida, se elas colocarem em risco sua autonomia. Quantas vezes você já não deixou de fazer alguma coisa que lhe desse prazer com medo do que os outros iriam dizer? Pois é! Isso é coisa do ego.

Se queremos uma vida melhor, com mais prazer, com felicidade, precisamos descobrir quem somos e o que nos traz essas sensações. Não é buscando o prazer e a felicidade, mas buscando a nós mesmos no âmago de nosso ser que os encontraremos. O autoconhecimento é a chave. Não adianta buscar fora o que é da competência de dentro.

É na postura de humildade, na atitude interior de aceitação dos próprios sentimentos, na investigação dos processos mentais, na observação do corpo e na abertura do coração que descobrimos a fonte de bem que temos em nós.

Se realmente queremos uma vida com maior amplitude, uma vida digna, precisamos apoiar o bem dentro de nós. Somos a porta para nós mesmos. Tudo nos chega por meio de nós mesmos. Felicidade e prazer dependem de como cuidamos de nossos tesouros inatos. "Quem tem olhos para ver, que veja."

17

paz

Se eu quiser falar com Deus
Tenho que ficar a sós
Tenho que apagar a luz
Tenho que calar a voz
Tenho que encontrar a paz
Tenho que folgar os nós [...]

(Gilberto Gil)

Escutamos as pessoas à nossa volta dizerem: "Quero paz". Mas será que elas realmente sabem o que estão pedindo? Para você, o que é paz? Que conceito você tem de paz? Paz é ficar parado sem fazer nada? Há muitas pessoas desempregadas nessas condições. Será que elas estão em paz?

Paz é ficar quieto num canto sem qualquer barulho? Quando estamos com dor de cabeça, geralmente ficamos em nosso canto e em silêncio. Será que estamos em paz?

Paz é ficar sozinho, sem ninguém a perturbá-lo? Em UTIs, as pessoas estão sozinhas, sem ninguém a incomodá-las. Estão em paz?

Paz é tirar férias. É paz tirar férias e ficar pensando nas dívidas ou nos problemas da família?

Você já teve a curiosidade de ver no dicionário o que a palavra significa? Pois eu tive. Lá está escrito: "Paz é o estado tranquilo de um povo ou pessoa, que não tem inimigos a combater. É sossego, concórdia, harmonia e tranquilidade de alma. É ter a convicção de ter agido bem".

Como ter paz se, na maioria de nossos dias, não nos enquadramos na definição? Você pode estar pensando que não tem inimigos a combater, mas como nem tudo que pensamos é verdade... Vamos olhar melhor: você briga com o repórter da TV quando ele lhe dá uma notícia que não está a fim de escutar? Você xinga se o trânsito está muito complicado? Fica chateado se o tempo não está como você gostaria? Perde a cabeça quando procura algo e não encontra? E se o telefone não para de tocar? E se sua mãe não para de falar? E quando as coisas não saem do modo como planejou? Você dorme tranquilo, mesmo com dívidas para pagar? Você batalha o tempo todo para melhorar de vida? Tem insônia buscando saídas para seus problemas? Dorme em qualquer lugar se tem a chance de ficar um pouco tranquilo?

Se respondeu sim a algumas dessas questões, pode descartar a possibilidade de paz. Com a cabeça trabalhando desse jeito, com o emocional tão estressado, com a mente exausta, não há paz possível. Como uma pessoa heroica como você pode ter paz? O que será do mundo se você não brigar para que as coisas saiam perfeitas? A paz do mundo depende de sua guerra. Se não é assim, ao menos em sua cabeça é. Ao menos em sua cabeça, se você não brigar, tudo desmorona.

O problema é que só fica na cabeça, não é? Não há uma ação efetiva. É só o pensar, falar, pensar, queixar, mais nada. Não há atitudes; só há a panela com água fervendo no fogo e você pensando no que pôr dentro dela. A água há de secar, e você não vai decidir.

Tanta coisa...

Como ter paz com a cabeça viciada que temos? Tudo pode entrar, estabelecer-se, ficar, que aceitamos sem questionar. Afinal, se chegou é nosso. Não perguntamos se nos sentimos bem com aquilo ou não. Se nos trouxe uma sensação gostosa ou se veio só para nos atormentar.

Consideramos que cabeça cheia é vida. Achamos que, se não estivermos sempre pensando, pensando, cairemos num buraco existencial, um vazio, um sem porquê. Ficamos sob o comando dos pensamentos negativos, sofrendo as consequências desse comportamento nas emoções destrambelhadas, prejudicando nossa ligação com as energias mais sutis.

Uma festa de arromba

É como se nossa cabeça fosse um imenso salão de baile, onde qualquer pessoa pudesse entrar, trazendo seus instrumentos, suas preferências musicais, seus pares, sua euforia, seus dramas, suas manias.

Todos falando, dançando, tocando, tudo ao mesmo tempo. Quem são esses participantes? Que tipo de personalidade possuem? Vamos olhar:

Senhor Medo: alto, assombroso, voz rouca, gélido ao toque, veste-se com a capa do mal e empunha um par de algemas, que ele coloca em todo aquele que tenta parecer ser o que não é.

Dona Preocupação: ansiosa, angustiada, orelhas em pé, testa franzida, cabelos brancos, olhar cansado, fantasiada de responsável.

Dona Culpa: olhos vigilantes, julgadores, usa uma imensa cauda presa ao passado. Todos que passam por ela ficam de joelhos.

Dona Pena: peito cheio de raiva, postura indignada, fantasiada de caridosa, banca a salvadora dos pobres e oprimidos.

Madame Vítima: postura arcada, pequena, magra, fraca, infeliz, protege-se o tempo todo porque todos mexem com ela, não a deixando tranquila.

Senhor Guerreiro: um lutador de primeira linhagem. Passa por cima de si mesmo para mostrar o quanto é forte e o quanto o mundo depende dele.

Senhor Educador: um sábio. Conhece tudo, sabe tudo, já experienciou tudo na vida. Julga-se capaz de avaliar qualquer coisa, segundo sua moral, guardada numa agenda herdada de seus antepassados. Um chato.

Vossa Excelência Sociedade: senhora de peso, literalmente. Gorda, cheia de regras e normas. Seu rosto possui mil olhos e em seu peito há um grande buraco. Meio promíscua, gosta que todos sejam como ela.

Senhor Orgulho e Senhora Vaidade: feitos um para o outro. Adoram ser elogiados, mostrar o quanto são maravilhosos, lindos, perfeitos. Estão sempre vestidos de dourado, prontos para o palco.

Com esses vêm também seus acompanhantes: A menininha Birra, a adolescente Revolta, o Senhor Controlador, a Senhora Ansiedade, a Dona

Faz-Tudo, o Senhor Enganado, o Senhor Tempo, a Senhorita Lógica, o Mister Explicadinho, o Tio Futuro, a Dona Complicação, a Senhora Dúvida, a "Lady" Certinha etc.

Por quê?

Como fica essa festa na cabeça? Que qualidades ela tem? Como perceber o que é real em nós, com esse barulho no andar de cima? Temos vontade de sair correndo, não temos? Há tanto barulho lá em cima, e nós estamos aqui sozinhos, distantes da alma, incapazes de nos escutar.

Não fique se sentindo um ET, imaginando que só você é assim. A maioria de nós é. Achamos que a justiça, a ordem, a perfeição, a consideração estão em nossas mãos, ou melhor, em nossa cabeça. Não sabemos atuar com bom senso, tomamos atitudes sem realmente usar nossa capacidade de pensar e baseamo-nos em nossos automatismos, em nossas frustrações, raivas, em nossos medos e em nossas desconfianças.

Reagimos a interpretações ilusórias, crendo que é assim que todo mundo faz. Mostramo-nos inflexíveis, revoltados, perturbados. Qualquer coisa nos tira do prumo. Se nos déssemos ao trabalho de auto-observação, veríamos como somos: vaidosos, "cricris", donos da verdade e, portanto, inseguros, preocupados, perfeccionistas, instáveis.

Vamos gastando energia à toa, tentando consertar o mundo, feito o Américo Pisca-Pisca do conto de Monteiro Lobato. Gastamos energia física, emocional, mental. Estressamo-nos porque ainda não descobrimos que os outros não mudarão por nossa causa e que nem sempre o que imaginamos ser certo é realmente certo para a Natureza.

Escape

A paz chega com a compreensão, com a aceitação da vida. Se quisermos paz, temos de deixar de lado as *pré-ocupações*, as culpas, as mágoas, os medos, o ódio. Precisamos aprender a dar um "chega para lá" na cabeça que nos martiriza e nas pressões exteriores.

O mundo não está errado, mas nossa maneira de interpretá-lo pode estar inadequada. Temos uma mente fantástica, uma auxiliar maravilhosa de nossa alma, mas é preciso que mostremos isso a ela com bastante determinação: "Você trabalha para mim, não eu para você!".

Precisamos nos conceder outro modo de agir, outro modo de interpretar as situações. Precisamos aprender a largar o velho que subjuga, aprender a tomar conta do próprio pensar e a considerar nossos sentimentos. Não somos as situações, os fatos; estamos além deles. Somos responsáveis por, mas não somos o problema. Se não somos, podemos ver e resolver. Podemos observar e discernir. Podemos sentir e interpretar com bom senso.

Não é tudo que podemos, mas o que podemos, podemos. Como saber o limite? Como saber quando atuar? Como saber o que adianta fazer? As respostas estão na alma. Lembra-se da definição do dicionário? É concórdia, harmonia, tranquilidade de alma. É ter convicção de agir no bem. A alma sabe. Para saber, é preciso se centrar. Centrados, nós temos capacidade de observação imparcial, de sentir com clareza, poder de discernimento.

Centrados, não nos misturamos com as situações, com os sentimentos, com os pensamentos. Somos capazes de nos desidentificar, de nos desapegar, de sair da ilusão e ficar na verdade. A essência fala mais alto, os sentidos superiores trazem as respostas, o bem se faz naturalmente.

Faz-se necessário trabalhar o desapego, aquela capacidade interior de largar as coisas, fluir sem o grude de relacionamentos sufocantes, sem a posse de pessoas, status, ideias. Seguir na vida sem os grilhões aprisionantes das lutas, buscas, esperanças.

Deixar as ideias religiosas que cerceiam a liberdade de ser. Para que serve a religião se ela não é libertadora? Precisamos da religiosidade da alma. Precisamos da convicção interior num bem maior. Seguir a pessoa que mora profundamente em nós. Olhar para nós mesmos e descobrir Deus.

Se não conseguimos a paz em todos os momentos de nossa vida é porque não aprendemos a trabalhar nessa direção. Mas nunca é tarde para aprender. Passamos a vida aprendendo e praticando o que aprendemos, então, podemos incluir a paz em nosso currículo daqui por diante.

Vamos treinar todos os dias, por alguns minutos, ir ao encontro de nosso espaço de paz. Buscar tirar a importância das coisas (não assumi-las como se fôssemos elas). Vamos nos voltar para nós em busca de nossa verdade, de nossa alma. Fazer contato com a fonte de vida, com a harmonia de quem é verdadeiramente filho da luz.

Temos o poder de decidir em qual espaço queremos fluir e de escolher em que acreditar. Temos capacidade para tomar conta de nosso espaço interior e gerenciá-lo no melhor. Vamos nos permitir o que tanto buscamos, vamos nos permitir a paz.

Uma maneira prática de colocarmos um pouco de ordem em nosso mundo interior é usando nossa capacidade de constância. O que eu quero dizer com isso? Todos nós somos capazes de persistência, determinação. Sustentamos nossa vida, de maneira adequada ou não, com essa força que existe em nós, portanto, vamos usá-la para mudar nossa atitude interior.

Quando um pensamento negativo passar por sua mente, uma situação mais desafiadora se apresentar, uma voz ficar falando sem parar dentro de sua cabeça, antes de você "entrar em parafuso", tome consciência da coisa, observe. Você não é isso. Você é quem observa. Como observador, é capaz de ver imparcialmente cada detalhe e descobrir o que há por trás deles.

Enfrente, questione, descubra os porquês. Tire a importância. Nada é tão importante assim. Saia do drama. Assuma sua aptidão interior de ser responsável por si e de poder optar por algo melhor. Você, com certeza, vale essa opção.

Vá limpando seu campo mental, seu campo emocional, criando para si uma energia de bem-estar, de confiança em si mesmo e na vida. Mudando a frequência de nossas vibrações energéticas, tornamos as situações mais fáceis, mais claras. Nossa atitude no bem nos transforma em polos de atração da verdade universal. Chegam-nos as respostas de que precisamos e as saídas que queremos encontrar. Só quando saímos do negativo, podemos entrar na verdade. A sensação de segurança se expande, pois nos sentimos mais próximos de nós mesmos e, portanto, mais próximos da centelha divina que há em nós. Quem está em paz está em Deus.

18

fazendo a vida valer a pena

Começar de novo
E contar comigo
Vai valer a pena
Ter amanhecido
Ter me rebelado
Ter me debatido
Ter me machucado
Ter sobrevivido
Ter virado a mesa
Ter me conhecido
Ter virado o barco
Ter me socorrido
Começar de novo
E contar comigo
Vai valer a pena
Ter amanhecido.

(Ivan Lins)

Temos na vida tantos e tantos desejos, tantas ilusões, fantasias, idealizações, tantos sonhos... e, junto com eles, tantas desilusões, tanto sofrimento, tanta dor... Quantas vezes tentamos entender que significado tem tudo isso? Onde está nossa inteligência quando dela precisamos? Onde está nossa capacidade de realização? Quem sou eu? De onde vim? Para onde vou? Será que sou apenas mais um maluco no mundo?

Questionamo-nos assim quando estamos desencontrados. O desencontro é essa sensação de que algo está inadequado, mas não sabemos exatamente o que é. Há um incômodo, um vazio, um querer suprir sem saber o quê. Saímos na busca de sentido para as coisas, vamos atrás de tudo que possa nos preencher e traduzir o que sentimos.

Com a visão de um eu fracionado, tentamos decifrar o que se passa em nós e ao nosso redor. Obtemos respostas pela metade, meias-verdades, fragmentos de realidade. Nem tudo se encaixa. Parece que faltam peças no quebra-cabeça.

Muitas vezes, exprimimos isso nos dizendo "perdidos". Na tentativa de nos encontrar, ficamos cada vez mais longe. É como se, ansiosos por uma carta, saíssemos de casa em busca do carteiro e, quando ele chegasse, não encontrasse a quem entregá-la.

Buscamos por nós acreditando que não nos temos. Tentamos resolver, procurando no mundo as respostas de nossos problemas. Vamos atrás de receitas de ser, de soluções mágicas e ainda assim erramos. Por quê? Ou como a maioria de nós costuma falar: "Por que comigo não dá certo?". Erramos os caminhos a serem seguidos, porque não aprendemos a ler as placas de indicação.

Os caminhos da vida são muito bem sinalizados, tudo perfeitamente acenado. Há letreiros enormes, marcas, indícios, pequenas etiquetas, alguns vestígios, presságios, gestos... Como lê-los?

Para lermos alguma coisa, precisamos ser alfabetizados. Precisamos passar por um processo de aprendizagem, no qual aprendemos a decodificar a escrita, a colocar letras numa determinada ordem para escrever signos que representem os conceitos que queremos exprimir.

Assim, para lermos os sinais da vida, também precisamos de alfabetização, uma alfabetização emocional. Um processo que nos auxilie a decifrar o que nos acontece, que nos mostre quem somos e para onde estamos indo. Uma ação que nos ensine a ler os sinais do caminho e a escrever nossa expressão no mundo.

Que sinais são esses? São as sensações em nós, nossas emoções, nossos sentimentos. Sem conhecê-los, como interpretá-los? Como saberemos o que estão querendo transmitir?

O que expressar? O mundo está interessado no que tenho para dizer? O mundo pode não estar, mas a vida está. É ela que pede nossa expressão, nossa riqueza interior, nossa participação. O dar de nós, de nossa unicidade, é enriquecer o Universo. É na manifestação particular de cada alma que se manifesta a alma da vida.

Na cartilha do mundo interior, aprendemos a ler e escrever nosso destino. Ao conhecermos a dinâmica de nossas emoções e como se movimentam essas forças em nós, ao decodificarmos como nascem e se derivam nossos pensamentos, ao descobrirmos como operamos com nossos sentimentos, podemos atuar com mais segurança, confiança e domínio. Domínio interior, firmeza de atitude. Coração e mente integrados num trabalho único: tornar a vida uma experiência rica, ampla e gratificante. Cada um realizando seu papel de facilitador da expressão do espírito.

No mergulho íntimo, no olhar-se no espelho da alma, encontramos o que procuramos: nós. É no caminho do autoconhecimento e da autoconsciência que vamos aprendendo a escutar a voz da alma.

No processo de autoconscientização, abandonamos o pretenso ideal de melhorar e partimos para a prática. Vamos nos chegando a nós de maneira única, inteirando-nos do que somos. Não só para conhecer quem somos, mas para assumir o que somos. Reflexão e ação, ação e reflexão.

Há caminhos e caminhos na vida. Temos de seguir o nosso. Precisamos nos olhar para nos saber, sem classificação, sem comparação, sem julgamentos. Tirando a tirania da cabeça, sem dicotomizar coração e intelecto. Sentir e saber o que se sentiu. Perceber e interpretar o percebido.

Aprender! Buscar significados próprios. Sem punições, sem culpas, sem preocupações com resultados ou com desempenho, sem medos. Aprendizagem é feita com afeto. A força da imposição não conserta nem educa; só produz medo e revolta. Aprender, aperfeiçoar, expandir, ampliar são processos realizados com amor. Esclarecimento é método pacífico. Não há contra o que guerrear; há o que conhecer, o que experienciar, o que compreender.

É como se a cada momento nos déssemos a chance de trazer à luz da consciência um pouquinho do eu escondido. Vamos decodificando, lendo sílabas, palavras, sentenças e, de repente, nos sentiremos capazes de ler o texto inteiro. Isso traz uma alegria ímpar. Sentir, saber o que sentiu, compreender por que sentiu, o que isso indica fazer. É prazeroso sacar-se; é ganhar um amigo fiel e presente.

Se quisermos uma vida plena, cheia de significado, que valha a pena ser vivida, temos de nos abrir para ela. Temos de manter a atitude inteligente, nos manter dispostos ao novo, ao bom, ao belo. Manter a atitude humilde de aprendizes, aprendizes de nós mesmos.

Um professor ensina porque crê na importância da educação, porque acredita que o conhecimento proporciona domínio e força, facilita e enriquece, sensibiliza e esclarece. Ensina porque confia nas potencialidades latentes de seus educandos. Por tudo isso educa com carinho, retifica com consideração, desvenda sem condenação. Se vamos ser nossos professores, a atitude conosco deve ser a mesma: confiança em nosso potencial.

Quando confiamos, temos a convicção interior de que podemos. Temos um potencial imenso a ser acessado. Vamos trazê-lo à tona, usando nossa capacidade inata para viver o bem em nós.

VIDA & CONSCIÊNCIA
EDITORA

Rua das Oiticicas, 75 – SP
55 11 2613-4777

contato@vidaeconsciencia.com.br
www.vidaeconsciencia.com.br